同時代史叢書

もはや戦後ではない

経済白書の男・後藤譽之助

青地正史

日本経済評論社

はじめに

『昭和31年度　経済白書』の「もはや戦後ではない」のキャッチフレーズは有名であるが、それを執筆した官庁エコノミスト・後藤譽之助の人物像は、それほどには知られていないのではないだろうか。

筆者は、「神武景気」や「なべ底不況」の名づけ親も後藤譽之助であるという事実を、長い間知らずに大学で教鞭をとってきた。仮にこうしたネーミングがなく、それぞれ「1955～57年の好況」、「57～58年の不況」と呼んでいたとしたら、戦後日本の経済史はずいぶん分かりにくいものとなっていただろう。この時代には、「国際収支の天井」や「岩戸景気」といった興味深い独特の経済用語もあるが、それも彼の手になるものなのだろうか。

後藤は、主筆を6期務めた『経済白書』に「譽之助調」と呼ばれる独自のスタイルとジャーナリスティックな感覚を持ち込み、著書・翻訳書も多数公刊。多忙ななかラジオやテレビ出演もこなすという才人ぶりを発揮した。

また角界の力士を父に持ち幼少期は相撲部屋で育ち、長じては工学部に進み一旦エンジニアとなったが、戦後はエコノミストに転身を果たす、といったユニークな経歴の持ち主でもあった。しかも美男子ときている。サービス精神も旺盛で芸者に頼まれれば、扇子に「もはや戦後ではない。譽之助」と書くなど（岸宣仁［1999］71頁）、官僚の枠をこえたきっぷのよい好漢であった。

先輩でもあり無二の親友でもあった大来佐武郎（1914〜93年、元外務大臣、元経済企画庁総合開発局長）は「後藤君の功績は永く日本経済史上に書きとどめられよう」とまで述べていた（大来［1960］51頁）。にもかかわらず「もはや戦後ではない」以外、これまであまり脚光を浴びて来なかったことは意外といわざるを得ない。それは早世（享年43歳）のため「私の履歴書」（日本経済新聞）などを書くチャンスを逸したこと、また同時代に優秀なエコノミストが官庁に蝟集し、その人達に長く注目が集まったからだと思われる。

本書は、その後藤譽之助（以下「譽之助」という）のバイオグラフィの一つの試みである。この本では譽之助を、ケインズ経済学を日本に根づかせた初期ケインジアンの一人として、戦後復興から高度経済成長への経済分析に多数の著作で健筆をふるい、学界では戦後も力を持ち続けたマルクス経済学を、経済官庁から早期に駆逐する役回りを演じた人物と規定している。逆にいえば、本書はあくまでも譽之助伝であって、戦後復興期から高度経済成長期までの日本経済の流れを網羅的に扱うものではない。

膨大な赤字財政の下でケインズ政策が行き詰まりを見せる現在、新自由主義の流れを受け諸官庁は規制緩和など「市場主義の下支え」に甘んじるようになって、政府と市場の役割が主客転倒し経済官僚が主導性を発揮できていないなか、敗戦の混乱期に日本の戦後復興をひたすら願い真剣に取り組んだ譽之助のリーダーシップは、後世に語り継がれて意義あるものと考える。

なお本書は経済学の心得がない人にも分かるように書いたつもりである。この書物を通して高度経済成長期の日本経済、さらには日本経済史そのものに興味を持っていただければ、筆者としては望外の幸せである。

目　次

第1章　日本の経済学の潮流

本書は、譽之助のバイオグラフィの一つの試みであるが、それを論じるに当たって、まず譽之助の仕事を日本の経済学の流れのなかに位置づけ、その役割を鳥瞰することから始めたい。譽之助は官庁エコノミストとして、当時はまだ学界でもめずらしかったケインズ経済学の摂取に努め、それに基づいて経済白書を執筆したフロントランナーであった。以下に詳しく論ずることにしよう。

1．近代経済学とマルクス経済学

日本の戦後の経済学

日本の戦後（1945年以降）においては、近代経済学（以下「近経」という）とマルクス経済学（以下「マル経」という）が相半ば拮抗して発展する、という先進国では稀有な構図が見られた。

近経は、ミクロ経済学とマクロ経済学からなり、今日の経済学の主流をなす。金森久雄・荒憲治郎・森口親司『経済辞典』（第4版）（[2002] 1192, 1176頁）によると、ミクロ経済学とは「個別的な家計や企業の経済行動の分析から始まって、全体としての市場および経済の分析に至る経済学の領域。ワルラスの一般均衡理論がその典型である。個別的経済主体の観点からは市場価格が重要な行動指針であり、価格分析が最重要の課題」となるものである。またマクロ経済学とは「国民所得や経済全体としての投資や消費といった巨視的集計概念を用いて全体としての経済の運行法則を分析する経済学の領域（中略）。ケインズの雇用理論が発表されて以来、急速に発展した分野」である。

すなわちマクロ経済学は戦前からのミクロ経済学とは異なり、ケインズ [1936]『雇用・利子および貨幣の一般理論』（以下では『一般理論』という）発刊により戦後に発達したものである。

一方、マル経は、マルクスの大著 [1867-94]『資本論』に依拠した資本主義批判の体系で、1990年前後のベルリンの壁やソ連などの社会主義国の崩壊により下火となるまで、戦前・戦後を通し日本では近経に匹敵する勢力を保った。金森・荒・森口（[2002] 1187頁）によると、マル経は「労働価値説を基礎とし、商品生産の諸関係を表現する基本的な範疇である商品・価値・貨幣・価格の分析から、資本制生産の諸関係を明らかにする資本・剰余価値・利潤・賃労働等の範疇分析へと展開」するものとされていた。

戦後の世界的な経済学の潮流ではマル経は過去の遺物とされ、たとえばサムエルソン『経済学　上』（原書第9版）（[1977] xxix 頁）は「アダム・スミス――デーヴィッド・リカード――J・S・ミル――ワルラス・マーシャル――J・M・ケインズ――ケインズ後の主流経済学」という「経済学の系統図」なるものを掲げ、マルクスは傍流の思想家という地位が与えられているにすぎなかった。一方、日本ではマル経は近経に負けず劣らず勢力を保ち続け珍重された。日本でマル経が隆盛した理由として、①後進国の発展には実際社会主義的計画経済の方法が有用であること、②貧困ないし社会的格差を問題とし虐げられた人々に温かい眼差しを向けるなど倫理性や理想が高く、まだ豊かでなかった日本の研究者や若者の純粋な心を惹きつけたこと、また日本は大企業中心の経済で、それを政府がコントロールしているという「国家独占資本主義」なる捉え方に多くの人が共感し得たこと、③内容が思想的・教養主義的でその学問臭が、ある種の人々に好まれたこと、④経済学を目指しながら数学を不得意とする学生の避難地となったことなど、をあげることができる。とりわけ①②は、今日でもその問題意識は十分通用する。

55年体制

さらに、⑤こうした戦後の日本における近経とマル経の対立は、「55年体制」とも決して無縁ではなかったと筆者は思う。55年体制とは、保守を代表する与党の「自民党」と革新を代表する野党の「社会党」が日本を二分してしのぎを削った政治体制を、それが成立した1955年にちなんでこう呼ばれる。

その成立と経過を略述すれば、戦後社会党はサンフランシスコ講和条約をめぐり右派と左派に分裂していたが、「護憲・反安保」のスローガンの下に再結集が図られ、55年10月ついに統一が実現した。委員長は鈴木茂三郎。これに危機感をおぼえた財界などの要望もあって保守合同が促され、同年11月自由党と民主党も自由民主党（今日の自民党）となった。しかし、新党総裁は決まらず鳩山一郎が引き続き首相となった（第3次鳩山内閣）。

この体制は2大政党制を思わせるが、当初から社会党の議席数は自民党のそれの半数にすぎなかった。社会党は、はじめ本気で共産主義革命を志向したが、高度経済成長が進み国民が豊かになっていったためか、しだいに支持を失い議席数を減らし自民党の提起したアジェンダにただ反対するだけの野党となり下がっていった。一方自民党は財界と結び安定政権を長く持続するかに見えたが、汚職が相次ぎ結局93年の細川護煕による非自民連立政権発足までの38年間で、結局55年体制は幕を閉じた。この社会党の左派の思想的立場がマルクス主義にあったことが指摘できる。これとマル経との関わりは明らかであろう。

2. 経済官庁の経済学

近経への傾斜

この近経とマル経の日本における対立は、各大学で約半数の教授が近経、そして約半数の教授がマル経という縮図となって現れた。もっとも、マル経の教員が優勢であったり、もっぱら配当科目がマル経で占められている、という特殊な大学も存在した。筆者のおぼろげな記憶をたどると、関東では東大・立教大・法政大・日大など、関西では京大・立命館大・関西大などがあげられる。「○○大学はマル経」、「××大学は近経」というような言い方が当時はよくされたものである。

注目すべきは、以上の近経とマル経の対立構造は、学界ないし大学において見られたものであって、決して日本の経済官庁までも覆い尽くしていたわけではなかったことである。経済官僚は、世界的な経済学の潮流に鋭敏でつねに乗り遅れまいとその摂取に努めていた。

この点については興味深い文献が残されている。『エコノミスト』誌（エコノミスト編集部編［1984］10, 11頁）による戦時期のインタビュー記事である。以下は「成長政策の成果（語る人　下村治）」からの引用である。下村は、経済安定本部における譽之助の先輩に当たり「在庫論争」の相手でもあった（第6章第7節）。後に池田勇人の政権下で所得倍増論の理論的支柱として名をはせる人物である（――は、インタビュアーによる問いかけを示す）。

――これ（「剰余価値学説批判」［1934］――引用者）をお書きになったのは、やはりマルクス経済学にあきたりなかったからですか。

下村　マルクス経済学で説明するのはまあ無理じゃないか、考え方が不完全じゃないかということを感じて書いたものです。

――当時は、いまでいう近代経済学よりはマルクス経済学のほうが、学内的にも圧倒的に力があった……。

下村　われわれが接したのは、もっと単純な限界効用論という形の理論で、近代経済学といまわれわれが理解しているようなものではないですね。その前の段階で、ワルラスの一般均衡論といったような考え方はすでにありましたが、それを安井琢磨（現大阪大学名誉教授――当時）さんが掘り起こして、日本の経済学会のなかに持ち込まれたというぐらいの状態でした。

（中略）

――後になってからのお考えかと思いますが、政策のない経済理論（マル経をさす――引用者）はだめだというようなお考えが基本にあると、本で読んだことがありますが。

下村　まあ政策のないというよりも、いい状態を国民全体に対して与えるような経済状態はどういう状態であるか、あるいはそれをよりよい状態にするためにはどのような可能性があるか、どういう手段があるかという問題意識がなくては経済学というのは意味がないじゃないかという考え方が根底にあることは間違いないと思います。

――それは学生時代からですか。

下村　まあそういうことですね。

――それは当時の世界的、あるいは国内的な経済情勢とそれに対応する経済学の乖離（マル経の実用性の不足――引用者）、というようなことを感じたためでしょうか。

この質問に対しても下村は肯定的な回答をしていた。ところで、高橋是清が１９３１～36年にわたって実質的にケインズ政策と類似した財政政策・金融政策を行ったことはよく知られている（浅井良夫［2000］203頁）が、それは『一般理論』［1936］出版以前のことであり、財政を考える者であれば自然発生的に共通に行きつく認識・方法なのであろう。心理学者のユングが、童話のプロットはどれも似ているということを「集合的無意識」と呼んだが、筆者はそれとの類似を感じる。しかし精緻な理論構成はやはりケインズ独自のものである。長幸男（［1994］237頁）も高橋財政は「緊急事態に応ずる政治家の現実主義やプラグマチズムの所産であって、ケインズ理論によらないケインズ政策であった」と述べていた。

近経に対する進取の精神

官庁エコノミストは、欧米に渡ったりケインズの勉強会を開いたりして、近経の習得に余念がなかった。たとえば、下村治は大蔵省から1936～37年に、大来佐武郎は経済安定本部から1950年に、米国出張が命ぜられた。そして譽之助はアイゼンハワー交換留学生基金の招待で1954～55年に渡米、金森久雄も1958～60年に英国はオックスフォード大学に留学している。その派遣の公式の目的は見聞を広めることと漠然としていたが、彼らにとっての関心は日本経済を再建するため、より科学的で有用な経済分析手法を学ぶことにあった。

下村が渡米したのは奇しくもケインズの『一般理論』が出版された年に当たる。ちなみに日本において塩野谷九十九によりその最初の和訳が出るのは1941年のことであり、42年には大蔵省によってもその翻訳がパブリッシュされた。したがって、その学説の評価もまだ定まらない時期であり、当時の様子を再度、『エコノミスト』誌（[1984] 11, 12頁）の引用から見ておこう。

―― ケインズの『雇用・利子および貨幣の一般理論』が出たのは1936年ですね。大学を卒業されて大蔵省に入られたころですね。

下村　ケインズの『一般理論』の現物を私が手にしたのは、昭和11（1936）年だったかな。当時私はニューヨークに在勤していたんです。そのときに本屋で買ったと思いますよ。

——内容をごらんになって、そうとう衝撃を……。

下村　なかなかよくのみ込めないという状態で、悪戦苦闘しておったわけです（笑）。『貨幣論』のほうがわかりやすいですからね（後略）。

——すでに出版された当時から、学界というか、経済学に興味がある人にとってはそうという評判になっていたのですか。

下村　それはそうでしたね。大変な評判でした。評判は高かったけれども、当時のわれわれの知識ではなかなか理解できないレベルにあった。それをアメリカのケインジアン、ハンセンがその代表ですが、ややくだいた形で説明してくれたので、わかりやすくなったということがありますね。

（中略）

——その後大蔵省で『一般理論』の勉強会をお始めになったわけですか。

下村　それには私は参加してないんですよ。体が悪くて参加しなかったのかな。『一般理論』の勉強会は石原周夫（元開発銀行総裁）君と、杉山知五郎（故人）君との二人が一所懸命翻

> 訳をやったんですね。（中略）とにかく『貨幣論』をみんなで勉強した。『一般理論』は戦争中になって、みんなで読んだんじゃないかと思いますよ。

大来佐武郎

つぎに大来の米国訪問は、約5カ月にわたる長期海外出張の最初の2カ月余りが当てられた。短期間とはいえ大来の精力的な行動力によって大きな収穫を上げている。まず大来が目にした米国経済は「組織化された自由経済」であるという認識であった。これは重要な意味を持つ。つまり米国経済は新古典派経済学一点張りではなく政府のコントロールもある程度は受けているということであろう。この認識は、ワシントンのＣＥＡ（Council of Economic Advisers：大統領経済諮問委員会）などの仕事ぶりを実際に見て、さらに強められた。ＣＥＡは、経済情勢の分析、総合政策の立案、大統領年次経済報告の作成などに当たる機関であるが、①国民所得統計の整備、②その統計処理の速さ、③多数のエコノミストの存在に、大来は驚き強い関心を寄せている。こうして大来にとっては、ロンドンにおけるつぎのようなケインズ主義経済学者との会話が忘れられない思い出となった。小野善邦（[2004] 129頁）から引用しよう。

> 大来は、後に旅行を通じて一番記憶に残った言葉は何かと聞かれて、それはケンブリッジ

大学のロビンソン教授の「経済統制の必要度は、その国の経済に加わるストレイン（緊張）を政府がどの程度意識するかによって決められる」という言葉で、「これは政治家や政府関係者にとって極めて重い言葉であり、その後経済計画などを立案する際には、いつも頭の中に置いていた」と語っている。

「経済計画」という言葉は社会主義を匂わせるとして吉田茂が嫌ったといわれる。しかし、経済計画は結局日本では統制経済期が終った後も続けられた。いわゆる「市場経済下の計画経済」である。右は、自由経済下の高度成長期にも、いくつもの経済計画が行われた消息を物語るものであろう。また大来は海外出張中、近経を中心とした資料収集にも余念がなかった（小野［2004］127, 128頁）。

当時の日本では、外国の文献などを入手することは容易ならざることだった。大来は、アメリカでは政府機関や大学周辺の書店、ロンドンではチャリング・クロスの有名書店フォイルズなどを訪れ、旅費を極力節約し、文献や資料を懸命に集めた。大来が旅の途中に船便で日本に送ったパッケージはおそらく１００個以上と見られるが、その大部分は経済や経済分析の資料、書物であった。こうした書物や資料は、経済安定本部の若手が待ち望んでいたものであり、マクロ経済的視点の本格的導入など経済分析の方法論の改善に役立ったばかりでなく、その後の優れた官庁エコノミスト養成の素地を培ったことは否定し得ぬことだろう。

譽之助

最後に譽之助の10カ月間のアメリカ滞在は、大来の２カ月の足早のアメリカ紀行とは違い、余裕のあるスケジュールの下、のびのびとアメリカ経済を観察している様子が窺われる。重要なことは譽之助が、その当時盛んだったサムエルソンの「新古典派総合」の考え方に現地で接したことであろう。その教科書『経済学——入門的分析』が出たのは１９４８年であり、ハンセンの『ケインズ経済学入門』が出版されたのは53年であった。それらの原書を通して、ケインズ理論を相当学習し活発な議論もしたものと思われる。譽之助の見聞は『アメリカ経済繁栄の構造』（[1956] 中央公論社）として著されたが、その内容については後に第５章第５節で検討することとして、ここではとりあえず、その「序」の一部を紹介しておこう。

アメリカに滞在して４、５カ月過ごしてみるとすこしずつアメリカ経済の仕組みがわかりかけたような気がする。新聞を読んでいても人と人との関係などが少しは頭に入ってくるし、広告で見る会社の名前などにも馴染ができてくる。こうしてだんだん頭の中に形づく《ママ》られてくるアメリカ経済の映像は、われわれが日本にいてこれがアメリカだといって教えられていたものとだいぶちがっていた。その上アメリカ資本主義が教科書に出て来るような資本主義とも相当かけ離れているのに気がついた。

この最後の一文は、やはり新古典派の経済学に基づく政策だけが行われていたものではなく、政府がある程度のイニシアティブを持っていたことを語るものとして示唆的である。こうした体験もケインズ経済学を受け容れやすいものとした。

復興期と高度成長期・初期

以上見てきたように、敗戦の1945年からドッジラインの49年前までは「統制経済の時代」として知られ、マル経の全盛期と思いきや、その期の前後においても官庁エコノミスト達は近経の理解と習得に熱意を示していることがわかる。その理由は、経済官庁が経済政策を策定するうえで、マル経の深化した思想性・理論性よりも、実証分析、計量分析や数理分析に富んだ近経の方が有用と思われたからであろう。

譽之助は東京帝国大学工学部電気工学科卒で、先輩の大来と全く同じ学部・学科の卒業である。譽之助門下の宍戸寿雄は同航空学科であるが、いずれにしてもエンジニア出身で、エコノミストとしては異色の経歴である。こうした人達が経済官庁に登用されたのは、数学を使う近経を今後盛り上げるに当たり、理系の人物が求められたためであろうと筆者は考える。この点、譽之助とともに働いた舟橋徹子（[1975] 3頁）も「後藤氏もまたその上におられた大来氏もともに電気工学科の出身であり、数学に強い方であった。この頃から、官庁統計を使って現状を分析する官庁エコノミストが育ちはじめていたと思うが、その育ての親ともいうべき両氏がともに理科系の出身であったということは官庁経済学の性格を物語る象徴的な事がらであろう」と述べていた。

とはいえ復興期はやはり混乱期である。呉越同舟といおうか、第3章で論じるようにマル経と近経が混在して政府の政策に反映されていた時期である。経済官庁が完全にマル経離れを見せるのは、1950年代に入ってからのことになるが、実はこれと譽之助は大いに関係があるのである。経済安定本部・経済審議庁・経済企画庁の内国調査課長として、譽之助が『経済白書』の執筆に携わったのは、1952（昭和27）年、53（同28）年、54（同29）年、56（同31）年、57（同32）年、58（同33）年度の、米国滞在中の55（同30）年度を除く、連続6期にわたる（表1-1）。

白書に、ケインズ経済学を前提とする「国民所得」概念が初めて登場するのは52年である（ただケインズの創作した「有効需要」なる経済用語の出現はやや早く50年である）。この時期は、

表1－1　経済白書の歩み

回	発表	表題（副題）	内閣	長官	内国調査課長
1	47.7.4	経済実相報告書（付・経済緊急対策）	片山　哲	和田博雄	都留重人
2	48.5.23	経済情勢報告書（回顧と展望）	芦田　均	栗栖赳夫	大来佐武郎
3	49.3.12	経済現況の分析（付・経済安定9原則）	吉田　茂	青木孝義	〃
4	50.6.30	経済現況報告（安定計画化の日本経済）	〃	周東英雄	〃
5	51.7.13	年次経済報告（なし）	〃	〃	〃
6	52.7.1	年次経済報告（独立日本の経済力）	〃	〃	後藤譽之助
7	53.7.14	経済白書（自立経済達成の諸条件）	〃	岡野清豪	〃
8	54.7.13	経済白書（地固めの時）	〃	愛知揆一	〃
9	55.7.15	年次経済報告（前進への道）	鳩山一郎	高碕達之助	向坂正男 矢野智雄
10	56.7.17	経済白書（日本経済の成長と近代化）	〃	〃	後藤譽之助
11	57.7.19	経済白書（速すぎた拡大とその反省）	岸　信介	河野一郎	〃
12	58.7.25	経済白書（景気循環の復活）	〃	三木武夫	〃
13	59.7.21	経済白書（速やかな景気回復と今後の課題）	〃	菅野和太郎	向坂正男
14	60.7.19	経済白書（日本経済の成長力と競争力）	〃	〃	〃
15	61.7.14	経済白書（成長経済の課題）	池田勇人	迫水久常	宍戸寿雄

（出所）経済企画庁編『ESP』[1998]。

社会主義を思わせる「経済自立5カ年計画」（55年）なども実際行われたが、しかしあくまでも白書の「枠組み」となっていたのは、ケインズによる国民所得、消費や投資などのマクロ集計概念であった。この点、白書執筆を分担した矢野智雄（[1975] 1頁）は「ことに後藤氏が二代目の調査課長になった昭和27（1952――引用者）年頃から国民所得統計が利用しうる状態になり、白書作成にも所得分析が導入されて、ようやく総合的分析の体裁を整えることになった」と述べている。

譽之助といえば、白書における「消費景気」、「神武景気」、「もはや戦後ではない」、「なべ底不況」などのキャッチフレーズで一世を風靡したが、それよりもケインズ体系の採用・普及において果たした役割の方が一層重要である。すなわち譽之助は、白書の前面にケインズ体系を打ち出し、初期ケインジアンとして経済安定本部・経済審議庁・経済企画庁を牽引したのである。

それははしなくもマル経離れを意味した。これが大学や学界に先んじていたことは間違いない。先述したように大学や学界においては、その後もマル経は近経と互角に勢力を保ち、1989年のベルリンの壁崩壊に始まる東欧諸国の崩壊、そして91年の本山のソ連邦崩壊にいたり衰弱を見せ始めるのである。しかしこの東欧革命が、マル経が理論的に間違っていたことを実証したものだと考えるならば、それは少々違っている。マル経も一つの堅牢な学問体系である。ただ東欧革命を見た人々に、マル経が幻滅を与えたことは確かであろうし、それによっては具体的な経済政策を打ち出しにくいと思われたことも与っていよう。

3．学説の入門的解説

以上においてケインズ理論、有効需要などの用語を不用意に使ってきた。ところで本書は決して経済学に通じている人だけに向けて書かれたものではなく、広く一般の読者を対象としている。そこで、ケインズの「有効需要の原理」のエッセンスを、吉川洋［1995］『ケインズ』に即して簡単に紹介しておこう。以下は、第6章第3節のウォーミング・アップの役割も意図している。

ケインズの有効需要の原理

企業（たとえば自動車メーカー）の生産を拡大させるのも縮小させるのも、それは財（自動車）に対する人々の需要である。需要が資本主義経済のアクセルでありブレーキである。こう考えると「実際の需要」こそが生産水準を決定することになる。この「実際の需要」をケインズは「有効需要」と呼んだ。

この「有効需要の原理」は、一企業だけではなくマクロ経済全体についても当てはまる。一国経済全体の需要が「国民総生産」＝ＧＤＰ（＝Ｙ）を決定するのである。一国の需要をすべてあげれば、Ｃ＋Ｉ＋Ｇ＋（ＥＸ－ＩＭ）となる（Ｇは政府支出、ＥＸは輸出、ＩＭは輸入）が、代表的なものは、消費需要（Ｃ）と投資需要（Ｉ）である。そこでこの関係を、簡単のためつぎのような式で書くことにしよう。

(1)　$Y=C+I$

では、この消費Ｃと投資Ｉはどのように決まるのだろうか。まず、この消費量Ｃは所得Ｙの多寡によって決まってくる、つまり所得が増えれば消費も増えると、ケインズは考えた。数学的にいうと消費は所得の１次関数となる。すなわち、

(2)　$C=A+aY$

このＡは基礎消費（所得がゼロでも欠かせない消費）、ａは消費性向（所得のうち消費に回

す割合。正確には「限界消費性向」であるが、本書では説明を割愛する）という。したがって、$A>0$、$1>a>0$である。

つぎに、投資Iはどのようにして決定されるのだろうか。その前提として、まず「投資」とは何か。日常的には資産運用といった意味で株式投資や不動産投資というように使われる言葉であるが、経済学では企業による工場の建設、機械設備の購入などの「設備投資」や、原料の購入、製造中の製品や製品の売れ残りの「在庫投資」をいう。つまり金融資産の購入ではなく実体的な投資活動をさすのである。

ケインズは投資の決定について、投資は「資本の限界効率」と「利子率」が等しくなる水準に決まる、といった。難しく聞こえるが、コストである利子率よりもその投資が将来にわたって生み出す利益率の方が大きい限り、投資は行われるという当たり前のことをいったにすぎない。

また(1)式を変形すると、

(3)　$Y-C=I$

となる。ここに、$Y-C$（国民所得－消費）は貯蓄だから、貯蓄をSとすると、

(4)　$S=I$

つまり、投資は貯蓄と等しくなるような水準に決まるともいえる。

ところで(1)より、Ｉが20増えると一見Ｙも20増えるかのように思われる。しかし、そうではない。それがケインズの「乗数理論」に他ならない。今(2)を(1)に代入すると、

(5)　Ｙ＝Ａ＋aＹ＋Ｉ

が得られる。これをＹについて解くと、

(6)　Ｙ＝(Ａ＋Ｉ)／(1－a)

となる。たとえばaを０・６とした場合、１－0.6＝0.4となるから、Ｉが20増えるとＹは1／0.4＝2.5倍増えることになる。結局「乗数理論」によりＩが20増えるとＹは50増えるのである。

失業問題と貯蓄

さて、１９２０～30年代のイギリスの失業率は10～15％にも及んだ。ケインズ経済学は、そもそも「なぜ失業は生じるのか」、「失業問題を解決するには、どうすれば良いのか」をテーマとして出発したものだったのである。

前者の解は、当たり前であるが企業が十分に労働者を雇用しないからである。では、なぜ企業は労働者を雇わないのか。それは労働者を雇っても、それに見合う仕事がなく、作っても製品が売れないからである。売れない原因は、有効需要（Ｃ＋Ｉ）が不足するからである（この

ような状態を不完全均衡という)。そこでケインズの後者の解は、有効需要を創出する金融政策と財政政策を行うことである。これらの解は、これまでの新古典派経済学からは意表外なものだったので、クラインという学者は以上を「ケインズ革命」と名づけた。

ケインズは「貯蓄は決して美徳ではない」と、また意表外のことをいう。それは、個人にとって貯蓄は美徳であるが、一国全体として貯蓄は不況をもたらす悪徳である、というのである。なぜだろうか。もう一度(1)式Y=C+Iに戻ろう。今個人が貯蓄をすれば、右辺の消費Cは減少する。簡単に考えて、それが積もり積もれば、左辺のYも下がるであろう。このように、個々には成り立つが全体としては成り立たない命題を、ケインズは「合成の誤謬」と呼んだ。

新古典派統合

譽之助がアメリカを訪れた1954~55年頃、同地で盛んだったのはサムエルソンの「新古典派総合」の考え方であったことは先に述べた。それは「完全雇用が実現されるまでは、ケインズ経済学の考え方にもとづいて総需要管理政策を採用する。しかし、いったん、完全雇用が実現されたならば、あとは市場経済の資源配分機能を信頼してよいので、新古典派経済学に再び活躍の場を与えよう」(根井雅弘［1996］159,160頁)というものである。

新古典派経済学とはケインズ登場以前のオーソドックスな経済学で、中学校の教科書にも出てくる需要曲線と供給曲線の交点（均衡点）で特定財（たとえば自動車）の「価格」と「数量」が決まるという「価格決定の経済学」である。これをあらゆる財・サービスにまで拡張し抽象化したものが、ワルラスの「一般均衡理論」に他ならない。一見無政府的に見える資本主義経済において、財・サービスが効率的に配分されるメカニズムを分析したものであるが、需要と供給の一致を前提とするので、ケインズが失業において想定した需要不足は新古典派経済学では原則ありえない。そこでは長期的には需要と供給は一致するのである（!?）。

第2章　幼少期・青年期

1. 幼少期

関取の長男として

譽之助は1916年10月25日、父・後藤鶴松と母・菊の長男として、東京は本所区（現・墨田区）緑町に生を受けた。父・鶴松は、三役である小結まで昇り詰めた角界の力士であり、しこ名は、当初は「山泉」、小結昇進後は「小錦八十吉」（二代目、ハワイ出身の同名の元力士は六代目）、そして最後は「二十山《はたちやま》」を名乗った。体格には恵まれず、ピーク時でも166cm・101kgと小型であり、いきおい取り口は頭脳的となり「技のデパート」（舞の海）ならぬ「学者相撲」と呼ばれた。ちなみに譽之助は157cm・71kg（39歳当時）であり当時としては平均的な身長であった。

引退後は、小結昇進者は部屋持ちの資格が与えられたので、年寄として二十山部屋をきりもりした。門下には恵まれ、大関・千葉ケ崎、同・清水川、関脇・若葉山などを輩出している。

実弟も「山泉」と名乗り角界入りしたが大成しなかった。1928年二十山は、その行政手腕を買われ日本相撲協会の理事に就任、40年まで勤め上げた。その名前は今も両国は回向院にある石碑に刻まれている。相撲取りといえば豪放磊落な人物を筆者などは想像してしまうが、二十山はどちらかといえば繊細な性格であったという。

譽之助は父にもまして、非常に神経の細やかな少年として育った。意外なことであるが、スポーツは得意でもなく好きでもなかったという。しかし一門の若い衆には可愛がってもらった。7歳の23年には「関東大震災」に遭遇している。9月1日、関東一円をマグニチュード7・9の大地震が襲い、火を使う昼食時と重なって火災が各所で発生し、東京だけでも約10万人の死者を出した。自宅の近隣には、両国の陸軍被服廠跡（現・横網町公園）があり、ここぞとばかりに逃げ込んだ罹災者4万人が火災旋風（大火災時に起こる熱風の対流現象）に飲み込まれ焼死した悲劇は、よく知られている。譽之助の通学していた緑小学校も地震のため焼失、実家も倒壊し自身も避難の際崩れてきた屋根の一部が額に当たり、右側頭部に終生傷跡が残ったというが、ともかくも難を逃れることはできた。

落語好きな少年

下町生まれの譽之助少年には、落語好きという陽気な面があった。とくに志ん生が好きで夢中になってラジオにかじりついていた時期もあった。落語好きは、「人に分かるように話して聞かせたい」という講釈好き、講演好きに発展した。後年のラジオやテレビ出演を進んで引き受けたことと関係があろう。そのため、ソニーのテープレコーダーを購入し、吹き込んだ自身の語りをくり返し聴いてこっそり練習したこともあった。後年、某社の『金融読本』(入門書)を抱えている譽之助を見て、同僚が「何だそんな本を読んでいるのか」と不審感を持ったというが、それも「人に分からせるように、どう説明するか」という気持ちの発露であったと思われる。

落語の素養は仕事の随所にも顔を出した。電話がかかってくると「はい、後藤譽之助です」、「譽之助の〝よ〟は、与太郎の〝与〟ではありません、ほまれの〝譽〟です」といって課員を笑わせたりした。また経済企画庁の人事を担当した際の、つぎのようなエピソードも思い出される(岸[1999]77頁)。

父・後藤鶴松(小錦八十吉)

(提供)日本相撲協会。

33(1958)年春、経済企画庁に入った香西泰(日本経済研究センター理事長

テレビ出演中の譽之助

――当時）は、面接のときの試験官が後藤で、こんな会話を交わしたのを覚えている。

後藤「何が好きかね」

香西「落語です」

後藤「どんな落語家が好きなの」

香西「文楽と志ん生です」

後藤「二人をどう思うかね」

香西「うまいのは文楽ですが好きなのは志ん生です」

自らの好みもそうだったのか、後藤はここで大きくうなずいたという。

桂文楽（八代目、1892-1971）は、古典落語に忠実な大向こうをうならす落語家であり、一方古今亭志ん生（五代目、

1890–1973）は、型破りな芸風で大衆に大受けしたという。譽之助のキャッチフレーズ好きは、経済記事の大衆化を図ったものであるが、反面エコノミストなりに人受けを狙った行動であり、志ん生の影響がそこにあったのかもしれない。

また譽之助（[1959] 20, 21頁）には、つぎのような記述もある。落語の「花見酒」を、輸出や特需が少なくなり外貨収入がないのに、財政支出や投資は盛んだった１９５２～53年の日本経済の状況に、譬えたのであった。読者はここではまだ意味不明かもしれないが後述する（第6章第3節）。

落語に「花見酒」というのがある。八っつぁんと熊公が酒をかついで花見に飛鳥山あたりへ行って、一杯百円で売ろうとたくらんだ。客を待っている間に飲みたくなった八っつぁんが、熊公に百円渡してその酒をのんだ。熊公ものみたくなって、八っつぁんにその百円を渡して一杯買った。こうしてお互い同士だけで飲んでしまった後には、カネが百円しか残らない。どうして勘定が合わないのだろうかと二人が考えたが、お前がおれに払って、おれがお前に払ったわけだから、勘定は合っている。勘定合ってゼニ足らずというのが「花見酒」の筋である。

2. 青年期

エンジニアからエコノミストへ

学校は、東京府立第三中学校（現在の両国高等学校）、旧制第一高等学校へとエリート・コースを進み、譽之助は理数系を得意とする俊才として鳴らした。後に「カミソリ」との異名をとる片鱗をすでに見せている。当時一高では寮に入ることが義務づけられており、2年間駒場で寮生活を送った。この時たまたま同室となった宍戸寛《ゆたか》とは終生変わらぬ友情が芽生えた。蛮カラを気取りマージャンや酒を憶えたのもこの頃であるが、譽之助は下戸だった。ただ社交家で宴会には、しばしば顔を出し同級生には親しまれた。

1938年4月、東京帝国大学工学部電気工学科に入学。理系のため大来佐武郎同様、兵役は免除されている（この点、都留重人は文系のため短期間ではあるが従軍している（都留[2001] 193-198頁））。41年12月には同学科を卒業し、晴れてエンジニアとなった。そこで戦前は電気庁・大東亜省（配属は大来の推薦により北京大使館（大来[1981] 52頁））に勤務したが、戦後は一転して経済安定本部（46年〜）・経済審議庁（52年〜）・経済企画庁（55年〜）で、第二次大戦後の日本の復興・再建に従事している。

すなわち、29歳の譽之助は終戦を境にエンジニアからエコノミストへ転身を遂げたわけであるが、これには先輩格の大来の強い勧めがあったことによる（岸［1999］72, 73頁）。北京大使館へ戻る挨拶に譽之助が大来を訪問したところ、「もう間もなく戦争は終わる。北京に戻るのはやめて、戦後の日本の再建を一緒に考えてくれないか」と頼まれたのである。エコノミストになることに特に強い意思があったわけではないが、もともと戦後復興には関心があり、大来の言葉は譽之助の心を捉えたのであった。それと大来への厚い信頼感あるいは親愛の情が働いた。二人は仕事の上では「ナタの大来、カミソリの後藤」と並び称され「切れる」ことに違いはないが、大来は「温和・包容力」を、譽之助は「繊細・優しさ」を特徴とした。いわば陽と陰の弥次喜多コンビで、すこぶる気が合ったという。

ところがこの点につき、雨宮昭一（［2008］98頁）『占領と改革』は、つぎのように記している。

同（45──引用者）年6月に北京大使館の電力担当官の後藤譽之助が、大来に対して「敗戦で混乱する戦後の日本経済については、今から系統的な研究を行うことが必要だ。僕は今秘かに準備を進めているから、それを手伝え」と言い、彼はそこにかかわった。のちに経済安定本部（安本）などでは後藤譽之助と大来佐武郎が実務的な推進力になるが、45年6月ぐらいからその動きが始まっていたことになる。

この記述には出典が記されていないため断言できないが、大来（[1981] 52頁）によれば、雨宮［2008］は譽之助と大来とを取り違えたのではないだろうか。大来は譽之助より2歳年上かつ4年先輩（戦前学制の飛び級制度によるものと思われる）であり、譽之助はいつも「大来さん」と呼んでいた。なるほど二人は肝胆相照らす間柄にあったし、大来は懐の深い大器であり、単なる先輩・後輩の関係にはなかったことは確かである。しかし親しき仲にも礼儀ありで、このような言い方を譽之助がしたとは筆者にはとうてい思えない。譽之助が、エンジニアからエコノミストへ転身する契機は、本書では重要なため少しこだわってみた。

東京大空襲と結婚

話は前後するが、45年3月10日深夜、ルメイ将軍率いるB29約300機が東京を襲い、無差別爆撃（軍事施設と非軍事施設を見境なく爆撃すること）ならぬ、丸腰の住民を標的にした非情な「住民標的爆撃」（中山伊佐男［2015］107–126頁）を行った。死者は約10万人に達した。いわゆる「東京大空襲」である。譽之助も必死の思いで焼夷弾の下をかいくぐった一人であった。彼の住んでいた本所区（現・墨田区）は、最も大きい被害を受けた地域で実家も全焼したが、譽之助はともかくも一命は取り留めることができたのだった。

道沿いに黒こげになった死体が積み上げられていたおぞましい光景や、隅田川の花火大会に

結婚式

（注）1946年、道田敏子と結婚。

おける打ち上げの「ヒュー」という音が焼夷弾の落ちて来る時のものと似ており今もトラウマになっている、などと体験を語る人もいる。しかし譽之助は敗戦については多くを語らなかった。それは幼い頃から親しかった友達、親類縁者や互いに心を寄せ合った初恋の人を失った悲しみ以上に、日本の科学技術が米国のそれに遠く及ばなかったという事実に人一倍敗北を抱きしめたからである。

ちなみに戦後約70年経った今、体験者が少なくなり人々の悲惨な戦争への想いが薄らいできていることに、筆者は危機感ときには絶望すら覚える者である。

ところで終戦直後の46年、縁談が持ち上がり、ゆくりなくも譽之助は祝言をあげることになった。新妻は、逓信省の大先輩である道田貞治氏の三女・敏子である。振袖姿の花嫁も初々しかったが、モーニングに身を包んだ譽之助も頼もしかった。式は地味ながら感動的なもので、母・菊は死んだ夫・鶴松に見せてやりたかったと思うのだった。結婚を機に二人は渋谷は神山《こうやま》に新居を構えた。日本が敗戦のがれきの中からしだいに立ち直ろうとするとき、譽之助と敏子は明るく新婚生活をスタートさせたのである。

不眠症

若い譽之助にも悩みがなかったわけではない。神経質なため寝つきが悪く、一高時代は全寮制のため消灯の時刻が決められており、学友が安らかな寝息をたてて先に休んでいるのを傍で見るのはつらかった。一人起き上がって床に座り黙然としていると、「何や、どうした、眠れんのか」と声をかけて来る者がある。宍戸だった。東大時代には、電気回路学の実習報告で緊張から前の晩一睡もできず、「⊿－Y変換」の質問に頭が回らず返答がしどろもどろとなり失敗したことがある。話し上手なはずの譽之助であったが、眠らなければならないということが強迫観念となり、さらに眠気を妨げたのであった。

この失敗に懲りて逓信省に入ってからは薬を使うようになった。「カミソリ後藤」の評判を維持するためには、やはりよく寝ておかなければならない。次第に常用するようになり服用量も増えていった。当時睡眠薬といえばブロバリンが代表的なものであった。今日の睡眠薬は大量に飲んでも人命に係わることはないが、ブロバリンには致死量があり服用にはくれぐれも慎重を要した。柱時計の時を刻む音が耳触りで眠りを妨げると、起き出して振り子を止めに行く譽之助の後姿を、妻・敏子は心配な面持ちで眺めた。

後年、譽之助は「翼よ！あれが巴里の灯だ」を観て、この映画が大変気に入ったようである。その理由はいろいろあろうが、一つは主人公がパリにたつ前夜、寝つかれないシーンがあり、それが身につまされたからである。リンドバーグ（佐藤亮一訳［1991］196頁）『翼よ、あれが巴里の灯だ』から、その場面を引用しておこう。

私がやっと部屋《へや》に着いて横になったときは、ほとんど真夜中だ。眠る時間はせいぜい2時間半だ――（中略）。

頭を枕に沈めて気持ちを楽にする。すべての私の仕事は終わり、すべての手筈《てはず》は整えられたのだ。有能な人々はセント・ルイス号の最後の仕事に責任を持っていてくれる。私は目を覚ますまでは、もう何も考える必要がないのだ。友人のひとりはホールの外側にいて、入口を監視してくれている。彼は何人も近づけず、2時15分には私をベッドから起こすことになっている。

さあ、眠らなければならない。本当ならもう3時間前にベッドに入っていなければならなかった――それが計画のなかで重要な1項目となっていたのだ。記録破りの大洋横断飛行の出発には、パイロットは元気はつらつとしていなければならない。眠りが不足していれば、誰でもうまく精神が働かないのだ。

しかし結局、リンドバーグは一睡もできなかった。ニューヨークからパリまで33時間30分をかけて飛行したということであるから、前夜と飛行中とで完全に2日間徹夜したことになる。しかし、このエピソードは譽之助をずいぶん勇気づけた。映画では、リンドバーグの安眠が妨害されないため部屋の外で番をする友人が、音楽がうるさいと隣室へ文句をいいに行くシーンが印象的である。

第3章　復興期の日本

日本は１９４５～52年、連合国軍最高司令官総司令部（ＧＨＱ）の間接統治下にあった。この時期に、ＧＨＱによる経済民主化で有名な3大改革（農地改革・労働改革・財閥解体）も行われたし、経済安定本部（安本）もＧＨＱの支配下にあった。ところが、白書や譽之助の他の書物にも、ＧＨＱに関する記述が不思議なほど少ない。その理由として、安本内で譽之助が所属したのは調査課であり、その業務は①白書の作成と、②各種の経済調査に限られており、たとえば3大改革については、他の課がＧＨＱの窓口となって活動しており、譽之助達は関与を謙抑していたのであろう。

そこで本書も、譽之助の関係した範囲で論述することとした。読者には復興期における重要な史実を本書は見落としているかのような誤解を与えるかもしれないと思い、あらかじめ断わっておくしだいである。

1．敗戦時の日本

東北地方の被害調査

譽之助は大来のお伴をして、地方の戦争被害をこの目で確かめようと、東北視察旅行に出かけることにした。約2週間をかけて、製鉄・機械・化学の軍需工場を中心に、仙台、盛岡、釜石、秋田、山形などの順で各地を巡る計画であった。それは、日本がポツダム宣言を受諾し無条件降伏する、1945年8月15日の1カ月前のことである。

二人は、7月14日22時30分、上野発・常磐線の車中の人となったが、満席で立ちっぱなしであった。15日は仙台駅前が焦土化している光景を、19日は釜石の製鉄所が木っ端微塵に破壊されている有様を、各地の農村では人手不足や農機具不足が深刻であることを見、嘆息をもらすのだった。20日には秋田は横手に東洋経済新報社の石橋湛山（後に蔵相、首相）を訪ねた。その際の様子を、小野善邦〔2004〕46頁）から引用しておこう。

石橋はもともと戦争には反対で、東条内閣を厳しく批判していた。そして敗色が濃厚になった昭和19（1944）年10月、石渡荘太郎蔵相に働きかけて、大蔵省内に「戦時経済調査委員会」を設置させていた。これは名称に反して、戦後の日本経済再建の研究を目的とする極秘の会合であった。参加者は、石橋の他、荒木光太郎、大河内一男（以上東大教授——当時、以下同じ）、中山伊知郎（東京産業《ママ》大教授）、工藤昭四郎（興銀調査部長）、それに大蔵省総務局長山際正道ら9名。翌年2月ごろまで会合は続けられたが、空襲の激化と石橋の疎開などで自然休会の形になっていた。（中略）

昭和49（1974）年刊行の『湛山日記』（石橋湛山記念財団）に、「7月20日（金）……午後大東亜省技師大来佐武郎、後藤譽之助の両氏、平貞蔵氏の紹介にて尋ね来る、語るに頗る要を得たり、山田屋に招き一餐を饗す」とある。

戦後問題研究会

とりわけ戦時経済調査委員会の話は、譽之助と大来に一つの決意を与えた。「もっと多くの優秀な人材を募って、敗戦後の日本経済の再建について検討する会合を作ろう」。このことを上司である局長・杉原荒太に相談すると、すぐ了解が得られた。こうして組織されたのが「戦後問題研究会」であったが、まだ何分にも戦争中であり「日本自活方策研究会」という穏当な名称にして憲兵隊の眼を逃れることにした。二人が事務局となり、第1回目の日程をとりあえず8月16日と決め、人選に取り掛かった。

そうこうするうちに8月15日正午、「堪へ難キヲ堪ヘ忍ヒ難キヲ忍ヒ」で知られる「終戦の詔勅」（玉音放送）があり、国民は敗戦を知った。ただ当時のラジオは聞き取りにくく、しかも内容には難解な表現が多く、本当に国民がこの放送を聞いて敗戦の事実を理解できたか否か疑問なしとしない。事前に何らかの説明があったのであろう。いずれにしても、わが国は310万人の死者を出し、各都市は焦土と化し瓦礫の山となった。東京も焼け野が原となり、高木敏子（[1977] 45頁）は、品川あたりから「上野の山の方まで見えた」と述べている。

では生産設備の被害はどれほどであったのだろうか。表3－1は、わが国における生産設備の1945年度と37年度の状況を比較したものである。No.1～7は重工業、No.8は石油工業、No.9は工作機械工業、No.10～15は化学工業、No.16はセメント工業、No.17～25は繊維工業そしてNo.26は食品工業である。このうち軍需生産と深く関わるのは、No.1～16であろう。

A／Bが算出されているが、これは実際の被害状況を表すものではない。それを相当下回るものである。なぜなら、軍需産業は1938～44年に大幅な設備投資がなされたことが推定されるからである。それは、機械を作る機械である工作機械（No.9）のA／B自体が2・45であることや、40頁の図3－1から軍需生産が44年には37年の14倍に伸びていることからも窺える。そういう意味では不要不急産業として設備投資がなされなかった繊維産業の0・33（No.17～25の平均）の方がよほど参考になろう。結局、日本の1938～44年戦時期設備は空襲などにより、その3～4割は優に破壊されたと思われる（三和良一［2002］167, 168頁）。

表3-1　重要物資の生産設備能力

No.	生産設備名		敗戦時生産設備能力(A)	1937年度生産設備能力(B)	A/B
1	銑鉄	(千t)	5,600	3,000	1.87
2	圧延鋼材	(〃)	7,700	6,500	1.18
3	銅	(t)	105,000	120,000	0.88
4	鉛	(〃)	48,000	27,600	1.74
5	亜鉛	(〃)	49,000	57,900	0.85
6	アルミニウム	(〃)	129,000	17,000	7.59
7	マグネシウム	(〃)	4,500	1,800	2.50
8	石油精製	(千kl)	2,130	2,320	0.92
9	工作機械	(台)	54,000	22,000	2.45
10	苛性ソーダ	(千t)	661	380	1.74
11	ソーダ灰	(〃)	835	600	1.39
12	硫安	(〃)	1,243	1,460	0.85
13	カーバイド	(〃)	478	915	0.52
14	石灰窒素	(〃)	352	450	0.78
15	過燐酸石灰	(〃)	1,721	2,980	0.58
16	セメント	(〃)	6,109	12,894	0.47
17	綿紡	(千錘)	2,367	12,165	0.19
18	梳毛	(〃)	375	1,549	0.24
19	絹紡	(〃)	196	462	0.42
20	人絹	(千ポンド)	88,600	570,000	0.16
21	スフ	(〃)	184,000	451,000	0.41
22	紡毛	(カード)	373	684	0.55
23	綿織機	(台)	113,752	362,604	0.31
24	毛織機	(台)	9,802	29,185	0.34
25	絹人絹織機	(台)	135,582	356,119	0.38
26	製粉	(バレル)	58,431	118,072	0.49

(出所) 安藤良雄編『近代日本経済史要覧』(第2版) 東京大学出版会 [1979]。

図3-1　軍需品生産の推移

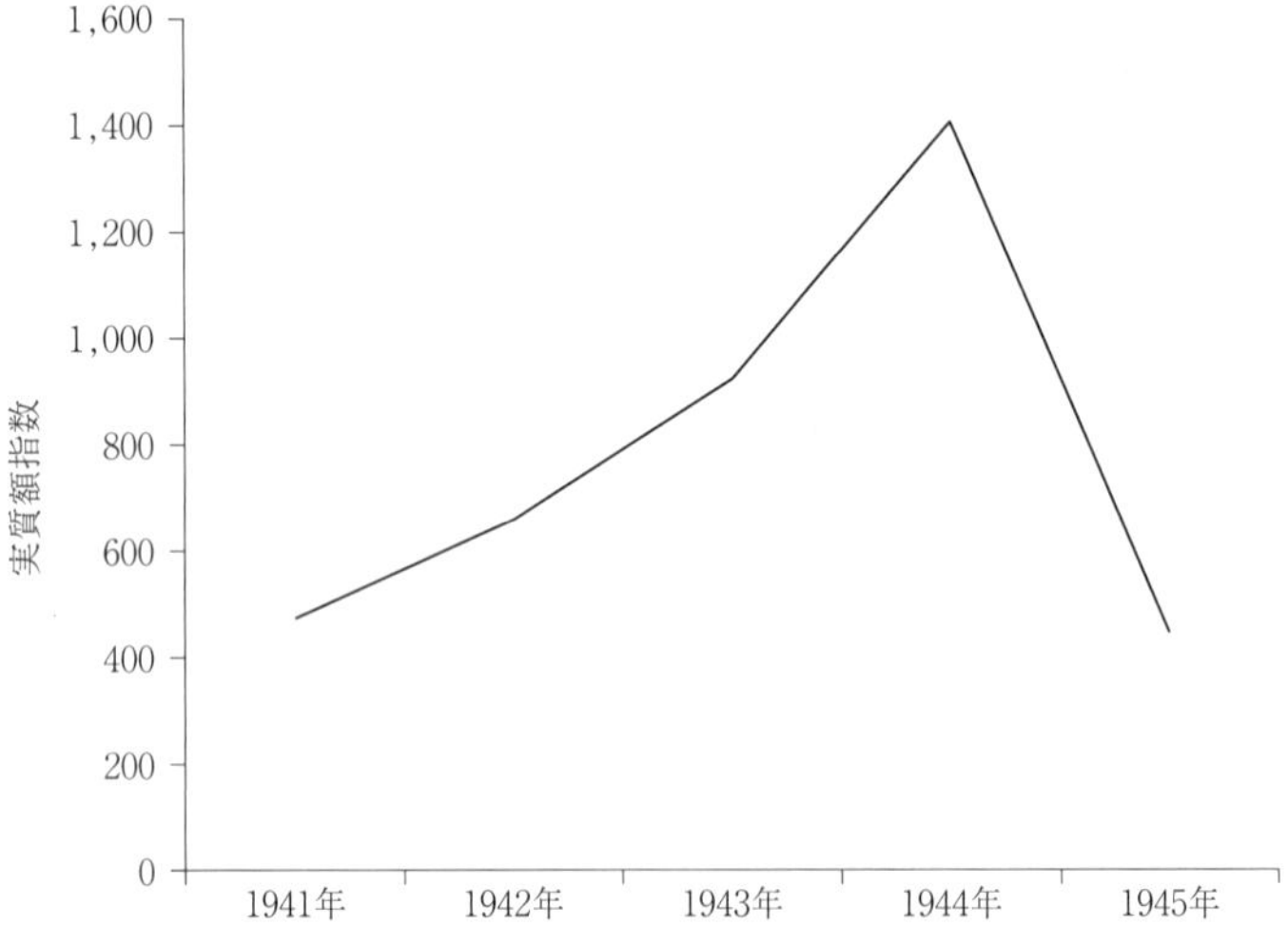

（注）1937年＝100。
（出所）中村隆英『昭和経済史』岩波書店［1986］。

さて、戦後問題研究会（戦後の正式名は「外務省特別調査委員会」）はポツダム宣言受諾の翌日、8月16日に第1回目の会合が持たれた。晴れて「戦後問題研究会」を名乗ることができたわけである。大内兵衛、蠟山政道、中山伊知郎、杉村広蔵、東畑誠一、亀山直人、石川一郎、平貞蔵ら十数人が集まった。第2回目は8月23日で、有沢広巳、安芸皎一、稲葉秀三、宇野弘蔵、岸本誠二郎、近藤康男、土屋清、山田盛太郎、脇村義太郎、都留重人などが加わった。45年内に全約40回の会合を重ね、12月には早や中間報告「日本経済再建の方途」が出された。これが翌46年には「日本経済再建の基本問題」

として結実することになる。この戦後問題研究会のメンバー構成の特徴は、マル経（大内、有沢、宇野、山田）と近経（中山、都留）の混成チームであったことである（東畑の立場は微妙である）。この点につき小野［2004］53, 54頁）は、つぎのように述べている。

メンバーの中には自由主義経済の信奉者もいたし、左翼系の人々もいた。しかも、左翼系の中には、「労農派」と「講座派」の激しく対立した両派の重鎮もいた。とにかく、当時はまだ政治的には未分化で、深刻な対立もなかったため、各界の卓越した頭脳の持ち主が、日本経済を立て直し、国民を困窮の淵から救出するにはどうしたらよいかという、ただその目標のもとに結集し、いわば〝百花斉放〟（中国共産党のスローガンの一つ――引用者）の形で議論したのである。

中村隆英（［1990］vii–viii 頁）は同様の内容を、少し詳しくつぎのように論じていた。

（戦後問題研究会の――引用者）認識は、大綱において当時の経済状況と問題点を正しく把握していたといえるだろう。もちろん、その認識が、統一された理論の上に立っていたということはできない。マルクス経済学的な日本資本主義論争の当事者であった山田盛太郎の

『講座派』の立場に立つ農業論と『労農派』と目された有沢広巳の人口の過剰から生ずる低賃金労働論とを並列させて、『反封建的農業』に立脚したチープ・レーバーと要約されているのはその一例である。

2．ハイパーインフレ

インフレの状況と原因

図3－2は『昭和27年度　経済白書』から転載したものである。同図のタテ軸は、数値が大きくなるほど狭くなるように工夫されており、今日の愚直なパソコンでは通常作成できないグラフで、当時の官庁エコノミストの努力の跡が窺える。この図からだけでは判然としないが、1945年から49年にかけて小売物価指数は約80倍に、卸売物価指数は約60倍に急上昇し、戦後にインフレが猖獗を極めている。これをハイパーインフレとまでいうのはいいすぎだろうか。また、敗戦後の半年間で倍増した日銀券の発行高は、その後も急増し続け、対前年増加率が47年には約167％に達した。

こうしたインフレの原因は、赤字国債による巨額の戦費調達や、消費財生産の落込みなどにより、すでに戦時中に胚胎していたものである。ただ当時は多くの国民が貧しさに耐え戦時統制もタイトだったので、インフレが顕在化しなかったにすぎない。しかし敗戦後は、①戦時中

図3-2　戦後インフレーションの推移

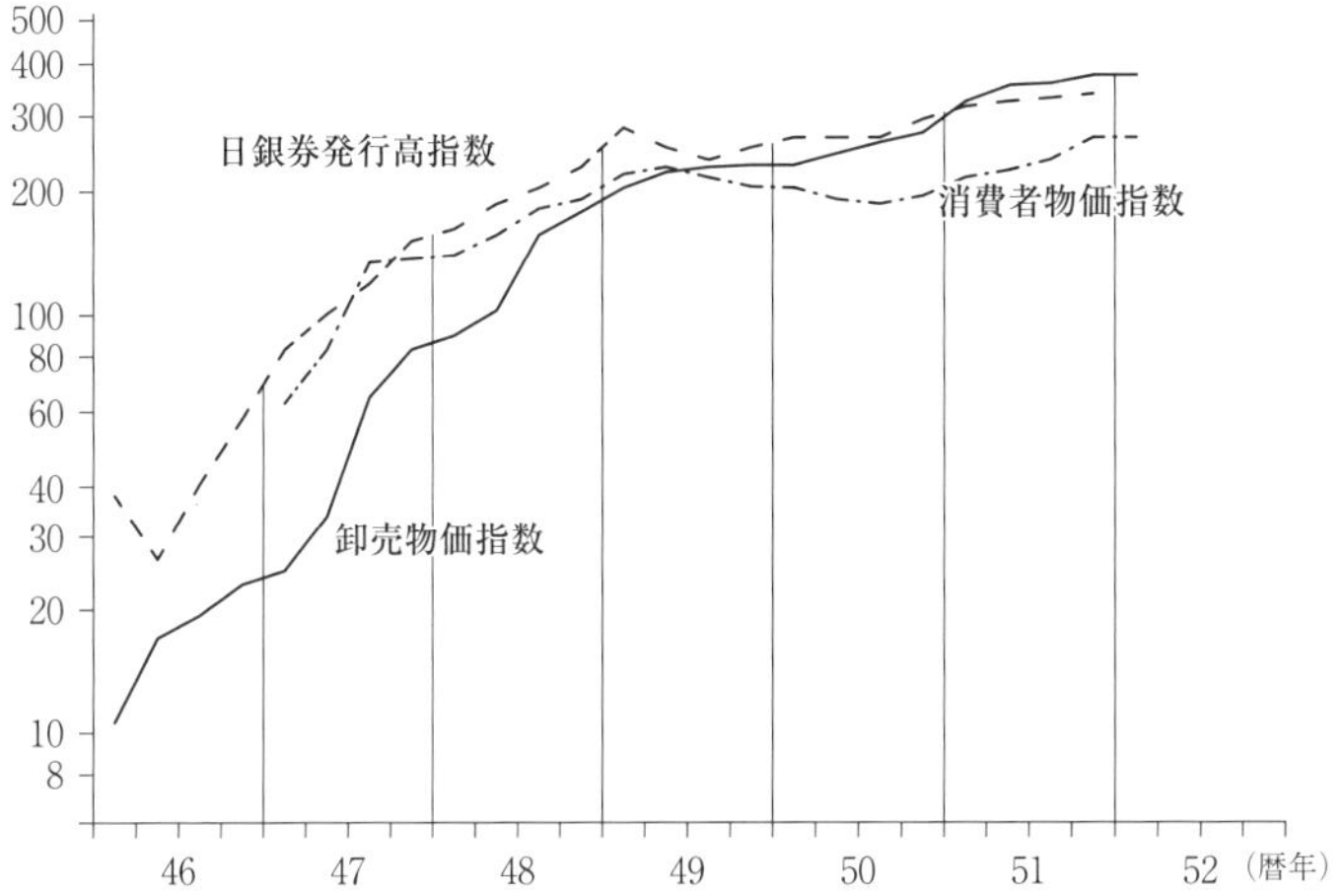

（注）1934－36年＝1
（出所）昭和27年度『経済白書』による。

の臨時軍事費の大量支出、②日銀借入による銀行貸出の急増、③預貯金引出による換物運動、④占領軍進駐にともなう終戦処理費の増大（三和［2002］170頁）、⑤次節でふれる復金融資、⑥前節に見た不十分な生産設備の下での生産の低下、そして⑦45年の米の凶作と復員や引揚げによる国内人口の増加などにより、インフレ（①～⑤貨幣要因のインフレ、⑥⑦ディマンド・プル・インフレ）が猛烈な勢いで進行した。さらに、戦時中に政府が支払いを約束した戦時補償が実行されれば、真のハイパーインフレになることが危惧された。

インフレ対策

このような場合、ケインズ主義に基づくインフレ対策の処方箋は、金融引締めと財政縮小の二つである。しかし、終戦直後のインフレ対策は戦時統制の手法がとられた。担当部署の戦時物価部が属した「綜合計画局が廃止され内閣調査局が設置されたが、戦時物価部のスタッフは同局にそのまま移り、戦後物価対策に当たった」（大森とく子編［1995］4頁）。以下の統制経済的なインフレ対策は、経済安定本部と物価庁発足（46年8月）後も続けられ、前者は立案・後者は実施を担当、ドッジライン以降漸次解除された（50年12月――大森編［1995］11，1頁）。とはいえ筆者には、そのインフレ対策は奇妙なものに映る。

まず、物価が上がらないようにするには、法律で物価の上限を決め強行すればよい、と考えたのであろう。1946年3月「物価統制令」が公布され、46年3月3日の物価をもって上限とし、以降それより高い物価は付けてはいけないことになった。これが「公定価格体系（3・3物価体系）」に他ならない。このようなことをすれば、それを潜脱する「ヤミ価格」が横行することは日の目を見るより明らかである。

しかし、一見それが需給の一致する真実の「市場価格」といえそうでもあるが、ヤミ市場には「『青空市場』はあらゆる物資の賭博場であり、そこでの賭博にはすこぶる悪質なものがあった。あらゆる粗悪な商品、模造品、偽造物、用に立たない日用品、すぐこわれる道具が一定の価格によらないで、飛ぶように売れた。全国民の生活はこの混乱の泥沼にあえいでいた。それは車のわだちにたまった水にあえいでいる鮒にも似ていた。そこには警察の力もなく、一切の権威は地に落ちていた」（大内兵衛・第7巻［1975］28頁）という側面があったのである。そのヤミ物価に関する公的資料が残されている。都内数カ所のヤミ市を回り選んだ品目ごとに「言い値」を聞き出したのだろうが、そのような統計をとっている政府も筆者にはおかしく思われる。

同時に、市場に出回るマネーストックを減らすのにも奇妙な方法が試みられた。手持ちの通貨全部をいったん金融機関に預け入れさせ、国民に月々決まった額（世帯主月３００円・世帯員月１００円、夫婦と子供一人であれば計５００円なので当時「５００円生活」といわれた）を引き出して生活することが強制された（預金封鎖）。46年2月の「金融緊急措置令」と「日本銀行券預入令」がそれである。しかし、それに従わず通貨を隠し持っている者はそれ以上使う不正ができると考えたのであろう。そこで新しい紙幣（新円）を発行して従来の紙幣（旧円）と交換し、旧円は使用停止とした。

その効果はといえば、先の図３－２より明らかである。その解決は後に持ち越された。

3．傾斜生産方式

石炭小委員会

「傾斜生産方式」とは何だろうか、提案者であるマル経の重鎮・有沢広巳（［1948］69頁）はつぎのように述べていた。

われわれの手中にあり、われわれの処置しうる唯一の基礎的素材たる石炭の生産に向かって、すべての経済政策を集中的に傾斜せしめようというのである。石炭生産を中心に一時経済を組み立てよというのである。それは石炭の生産に向かって傾斜する経済である。むろん、それは不安定な経済であり、ながくは維持できないし、またその必要もない。ただ、水平に全面的に生産の水準を引き上げることが、解き難き困難のつながりとその抵抗によって不可能となっているなら、経済を計画的に傾斜せしめて、基礎的部門の生産を早急に引き上げ、これを挺として生産水準の上昇の契機をつくり出すほかないのである。

つまり、敗戦直後に自由経済に任せ思うままに生産すれば混乱・疲弊するだけだから、まず何かを重点的に選んで、それを引き上げ、次第に全体の生産を回復させるのが得策だということである。その何かには国内で手に入り工業の要になるような物が最適である。そこで着目されたのが石炭であった。有沢（[1948] 69頁）を筆者が少し補足すれば、石炭を掘るには鉄がいる、鉄を作るには石炭がいる、という補完関係があるから、そこに着目して集中的に石炭と鉄の増産を行おうとするのが「傾斜生産方式」だということになろう。

この方式の本質には統制経済的な発想がある。その点について吉野俊彦（[1993] 23頁）は、次のように述懐している。「自由主義者の吉田さんと、マルクス経済学者の有沢先生とでは水と油のような関係だが、お二人とも同じ高知県出身であるということだけでなく、戦時中ファシズムに抑圧された共通の体験があったから、より親密になったのだろう」。

ところで、傾斜生産方式が採用される契機となったのは、GHQが製鋼用「重油」の輸入を承認したことによる、とされている。なぜ重油なのであろうか。以下は、有沢（[1989] 24頁）『戦後経済を語る　昭和史への証言』からの「引用」である（ただし、原資料は記述が散漫なため引用者が一部手直しした）。

> 吉田総理が「『戦時補償打ち切り』の見返りに何か援助しろ」ということをGHQに申し入れたことがきっかけになっているわけです。そのときに、政府諸官庁はいろいろたくさんの品物を欲しいといったのを、僕たちが昼飯会の席で五品目にしぼった。その中に石油があ

ったわけです。

一方、石炭生産の目標を3000万トンとしたのは、3000万トンなければ、日本の戦後の経済再建は石炭不足でできないという考えをもっていたからです。それは電力とか、鉄道とか、進駐軍用の暖房とか、そういうものを入れたら、あと残るものは500万トンぐらいしか産業炭がなかった。産業炭はどうしても700万～800万トンは要る。

そしたら、GHQのほうも「それほどやるつもりなら石油を出しましょう」といってきた。石油は、そのとき製鋼所にバーナー、石油をたいてやる製鉄装置には16万5000万キロリットルしかないから、それを目いっぱいくれと頼んだ。その鉄鋼を全部炭鉱に注入して、レールを直すとか、巻き上げロープをつくるとか、炭車をつくるとか、鉄を補充することによって石炭の生産を増産する。

以上の文章中の「石油をた（焚――引用者）いてやる製鉄装置」なるフレーズが示すように、製鉄工程には石油（重油）が必要なのである。その目途がGHQによる輸入承認でついたので、石油→鉄鋼→石炭という流れが確保できるようになり、「傾斜生産方式」を開始する準備が整った。結局傾斜生産方式とは、石油・鉄鋼・石炭のいわばトライアングル方式なのである。また目標の石炭「3000万トン」の算定に当たっては炭鉱技師などの意見も聴取されたが、有沢（[1989] 30頁）は「これは全部、後藤君と大来君がそういう専門家にちゃんときいてくれた」と述べていた。さらに「昼飯会」という言葉が見られるが、当初吉田首相が主催する非公式の会合で特定の議題はなかったが、10月以降これが発展して「石炭小委員会」となり、傾斜生産方式もそこで話し合われた。メンバーは、有沢、譽之助、大来をはじめ、稲葉秀三、吉野俊彦、大島寛一、佐藤尚邦であった。ちなみに当時の炭鉱では驚くべきことに、「レール」、「炭車」の多くは竹で、「巻き上げロープ」は麻でできていたとのことである（有沢［1989］26頁）。

傾斜生産方式は、1947年の片山哲（社会党）政権と48年の芦田均（民主党）政権下においても引き継がれ、前者の経済安定本部長官には和田博雄が就任した。折から吉田の「不逞の輩」発言が炭鉱労働者を硬化させ同方式の成否が危ぶまれはしたものの、この「和田安本」下の47年下半期には早くも年間約3000万トンをクリアし、傾斜生産方式は石炭増産へのレバレッジの役割を全うした。

傾斜金融

炭鉱へは資材、住宅、ラジオの修繕、酒そして普通の二倍の食料（米など）の特配が行われた（有沢［1989］28頁）が、1947年1月には復興金融金庫（復金）が設立され、傾斜生産方式を資金面からバックアップすることになった。図3-3から、復金がとくに石炭業に対し

図３－３　復金融資の割合

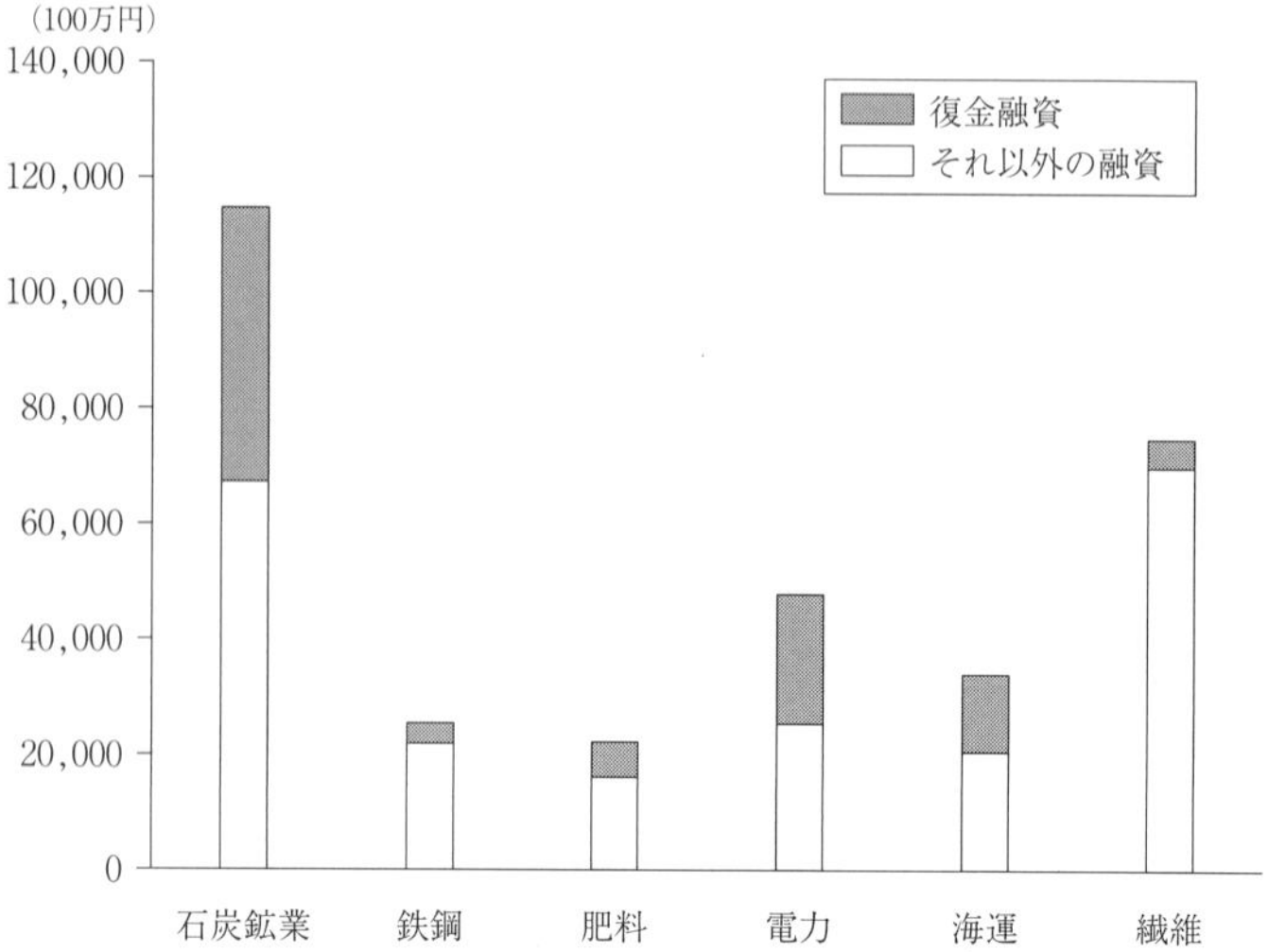

（注）代表的６産業につき、運転資金＋設備投資。1949年3月現在。
（出所）安藤良雄編『近代日本経済史要覧』（第２版）東京大学出版会［1979］。

て突出した融資を行ったことが分かる。

復金は、全額政府出資の特殊金融機関であったが、財政難から政府資金が不足し、復興金融債券（復金債）の発行を余儀なくされた（未払込資本金の範囲内で債券発行が認められていた）。そのうち大半が日本銀行の直接引受であったために、通貨膨張の原因となった。結局復金融資は、一方で石炭増産に貢献しながら、他方で「復金インフレ」をもたらす結果を生んだのである（三和［2002］172, 173頁）。

4. 国民所得概念の導入

近経の国民所得概念

武田晴人（[2008] i-iv 頁）は、「経済成長」という用語は戦前からあったものではなく、それが使われ出したのは、経済学の専門家の間でも１９５５年前後のことであり、『経済白書』においては56年度白書が初めてで、「もはや戦後ではない」というフレーズとともに、デビューしたものであると指摘した。

経済成長率は、次の式で求められる。

$$(Y_t - Y_{t-1}) / Y_{t-1} \times 100$$

このYは、最近ではＧＤＰ（国内総生産）が一般的であるが、かつてはＧＮＰ（国民総生産）が使われた。ＧＤＰは、国内で1年間に生産されたモノやサービスの付加価値の合計額であり、「国内」のため、日本企業が海外支店などで生産したものは含まないのに対し（属地主義）、ＧＮＰは「国民」のため、国内に限らず日本企業の海外支店などのモノやサービスも含んでいる（属人主義）。海外への直接投資が盛んな昨今、後者も重要であり、その4半期速報値などは無理としても、両者の公表が望ましい。

いずれにしても経済成長率の算出のためには、ケインズ流の「国民所得」概念（Y）が前提となる。国民所得という用語が白書に初めて見えるのは『昭和25年度　経済現況報告』や『昭和26年度　年次経済報告』で、たとえば後者（[1951] 147, 148頁）に「国民所得と生活水準」と題する項目がある。そして「国民所得は当本部国民所得調査室試算による」と記されているが、どのようにして算出されたものか不明である。

ケインズ体系（$Y=C+I+G+EX-IM$）を真に踏まえた国民所得概念が最初に認められるのは、翌年の『昭和27年度　年次経済報告』（[1952] 31-33頁）からである。これこそ譽之助が主筆を務めた最初の白書であった。したがって譽之助が官庁エコノミストとしてケインズ経済学の導入に果たした役割には大きいものがあったといえよう。譽之助の秘書役を務めた熨斗《のし》隆文も「経済白書を書く前に一年掛けて準備する。一番初めにやる事は外国の本、それも経済学系統の本を一冊、原書で読む。特にケインズ経済学の本を読」む、と譽之助がいっていたことを憶えている（岸[1999] 75頁）。

この「ケインズ体系を踏まえた国民所得概念」というのは少し分かりづらいかもしれない。そこで以下にその譽之助白書の一部（[1952] 31頁）を抜粋しておこう。

> この国民所得（分配国民所得4兆6千億円——引用者）に資本減耗引当（補填投資等に相当する）間接税、および補助金を加除したもの（約7千億円——引用者）が、国民総生産と

して国の経済活動の諸面に支出されることとなる。すなわち国民総生産5兆1千億円は、個人消費支出へ3兆円、民間総資本形成（住宅、固定施設、在庫品増加等への投資）へ1兆2千億円、政府（中央、地方を含めて）の財貨およびサービスの購入8千億円、海外純投資（輸出、貿易外収入より輸入、貿易外支出を差引いた国際収支差額より海外よりの純贈与を除いた純受取額）へ600億円支出された。

先の武田（[2008] iii 頁）も「ケインズ体系を踏まえた国民所得概念」につき、つぎのように論じている。

> 国民経済を一つの単位として、そこで毎年行われる経済活動の総産出量を付加価値によって計る経済統計が整備されなければ、経済成長を成長率によって表現することはできない。鉱工業生産指数や物価指数は、かなり前から統計的な観察が試みられていたが、サービスの生産量や政府の経済活動などを集計量として把握する試みは、ケインズ経済学的な需要管理政策が提唱されるなどの経済学の発展とともに、新しく開発された経済学的な認識手段だった。

経済政策の立案者たちが、このようにして発展しはじめたマクロ経済学の新しい手法に着目し、利用するようになったのが１９５０年代であった。日本でもこうした新しい流れはただちに学び取られた。

こうして譽之助の下で『経済白書』は、日本経済のマクロ実証分析の書として、その内容を革新し、洛陽の紙価を高めることになった。いいかえれば経済白書のレベルは決して一様ではなく、年々進化を遂げていたのである。ともに白書を執筆した矢野智雄（[1975] 1頁）が、いみじくもいうように「経済白書の歴史は、日本経済のめざましい復興、発展とともに歩んできたが、またわが国における経済指標と実証経済分析の発展過程でもある。データーが整備されれば分析技術も進歩して、白書の内容も豊かになり、反面、白書の作成はデーターの整備と分析技術の進歩を促がした」のであった。実は、27年度白書（[1952] 30頁）でさえ「わが国国民所得の推計は、統計の不備もあつていまだ完璧とはいいがたく、その数値を用いて経済分析を行うには種々困難が存する」と述べていた。

しかし、譽之助は以上の国民所得概念を、白書以外ではそれより以前の48年にすでに公にしていた。それは、牧野誠一と酒井一夫との共著（[1948] 93頁）においてであった。その一文を以下に掲げておこう。後半の「国民所得三面等価の原則」は、都留重人の考案によることはよく知られている。

国民所得とは国民経済において年々に絶えず新しく生産される「価値」の集計と考えていただきたい。この場合の生産とは単に物財の生産のみをいうのではなく、広く商業や交通業の活動によってつくりだされるサービスまでも、同じく価値の生産とみなして包含しているのである。例えば木が山にあるときは１本百円であっても、それが町え《ママ》運搬せられた時は２百円に売れるならば、交通業等のサービスによって百円の価値が生産せられたと考えられるからである。生産せられた価値はこの生産に与った人々に報酬として分配され、分配された報酬はそれらの人々によってあるいは消費され、あるいは新しい生産活動の資本に充てられる。従って国民所得を生産された価値の流れとみる場合、それをどこで把握するかに従って、３つの異った姿に分たれる。すなわち生産の面と分配の面と供用あるいは支出の面である。これらは一つの流れの異なった断面なのであるから、時間のずれさえ補正すればこの３者は一致しなければならないはずなのである。

マル経の国民所得概念

以上の国民所得概念は、１９４６年10月、戦前日本のずさんな統計を改善すべく作られ、大内兵衛を委員長とする「統計委員会」でも使われていたようである。有沢（[1989] 93, 94頁）によると、それはどうやら安本を経由して導入されたことが以下の資料から窺える。

――国民所得概念あるいは国民所得の算定資料としての必要性、そういうようなことがセンサスの中に出てきているわけですが、それは統計委員会としても、国民所得という概念は、初めからお持ちだったのですか。いってみれば、あれは近経の概念ですね。

有沢 しかし、われわれももう前から使っていたと思う。

――大来さんなどの関係していらっしゃる長期計画なんかはもちろん国民所得概念に基づいているわけですね。その場合、基礎資料がなくて、なかなか苦労したということは伺っています。だから、国民所得概念というのは、占領軍がきたと同時に、一緒に入ってきて、経済安定本部をはじめとして使っていたのだろうと思うんですが。

有沢 それはみんな使っていた。

――統計委員会も、そういうことは頭の中に当然あったわけですね。

有沢 それはそうだ。いまきちんとしたことはいえないけど、使っていたように思うな。委員会の中山（伊知郎――引用者）君や森田（優三――引用者）君なんかも使っていたんではないか。

5．経済復興計画委員会

消えた復興計画

傾斜生産方式は順調にスタートしたものの、日本政府はこれまで復興に関する公式な方針を明らかにすることはなかった。つまり、国民に復興の希望を与え、政策の一貫性を説き、そしてアメリカによる援助の算定に資するような大綱を示せずにいた。そこで1948年3月、芦田内閣の下に「経済復興計画委員会」が設置されたのである。事務局長は稲葉秀三。これまで大来と行動を共にすることの多かった譽之助であったが、この委員会には単独で臨んでいる。その報告書こそが、譽之助［1949］『九原則に基く経済復興計画の構想』である。

その下で「生産が上昇し、貿易は振興し、国民が合理的な生活を享受でき外国の援助によらないで自立経済が営める」（譽之助［1949］88頁）ように考案された「経済復興計画第一次試案」が固まった直後の48年12月、マッカーサーによって「経済安定9原則」が指示された。それには、①総合予算の均衡、②徴税の強化、③融資の制限、④賃金安定計画の確立、⑤価格統制の強化、⑥貿易・外国為替管理の日本政府移管、⑦輸出拡大のための割当配給制度の改善、⑧生産の増強、⑨食料供出の効率化、からなる9項目が盛り込まれていた（三和［2002］178頁）。それは経済復興計画第一次試案と同じ方向性を持つものであった。譽之助（［1949］220頁）も

「もとより9原則はこれまで構想されてきた方針の方向転換を意味するものではない。寧ろ従来も追求してきた目標の明確化である。その第1項から5項まで経済の安定を説いている。そして第6項以下では経済の自立、即ち国際的収支の均衡を要請しているとみてよいであろう」と述べていた。

翌49年5月に同委員会は「経済復興計画第二次試案」として成案をまとめるが、遺憾にもこの第二次試案は葬り去られることになる。その理由は、計画嫌いの吉田首相が「アウタルキー（自給自足——引用者）的な構想で、国際的感覚を欠いている」と評したからだとされているが、これは一体どういう意味だろうか。筆者は、自国でいろいろと計画を練るよりGHQに任せてしまった方がよい、という趣旨だと解する。こうして学界や財界などから動員された千名を超える関係者（譽之助［1949］145-148頁）の努力は水泡に帰したのであった。

1948年

ところで、1948年という年は史実がやや錯雑としている。ここで理解のために整理しておくことにしよう。ロイヤル陸軍長官が「日本を反共の防壁とする」旨のサンフランシスコ演説を行って、アメリカの占領政策の転換を公にしたのが、1月であった。ポーレー使節団の余剰設備撤去の基本方針（46年11月）を緩和し、有効に利用できる生産施設を撤去しないこととした「第2次ストライク報告」が3月。それをさらに大幅に緩和した「ドレーパー報告（ジョンストン報告書）」が5月。単一為替レート設定を主張するヤング勧告をとり入れた「経済安定10原則」をGHQが提示したのが7月。経済復興計画委員会による「経済復興計画第一次試案」ははっきりしないが、この後に固まったと思われる。そして経済安定9原則が12月と続く。

第４章　市場経済への出発

日本が統制経済（１９３７年～）の桎梏を脱し、資本主義の市場メカニズムで自由に動き始めるのは、１９４９年のドッジ・ラインおよび50年の朝鮮戦争による特需ブーム以降のことである。簡単にいえば、ドッジ・ラインにより従前のさまざまな統制が外され、朝鮮戦争による特需で生産増となったため、市場経済化が進んだのである。ところがこの移行期、実は日本は資本主義ないし市場経済ではなく「社会民主主義」にカジを切る可能性も十分にはらんでいた。その中心となったのは他ならぬ経済安定本部であった。以下ではまず、その安本の変化から述べていこう。

１．経済安定本部の変節

表４－１は、経済安定本部の組織の概要の変遷を示したものである。同表では、職員数が約３００名→約２０００名→約６０００名と増えており、安本がしだいに権限を増強していったかのように見える。しかし実はそうではなく最も存在感を誇ったのは、１９４７年６月～48

表４－１　経済安定本部の変遷

	1946.8～	1947.6～	1949.6～52.8	備　考
管理機構	総裁 総務長官	総裁 総務長官 副長官（４名） 総裁官房長	総裁 総務長官 副長官 総裁官房長	内閣総理大臣が就任 国務大臣が就任（いわゆる安本長官） 原則として各１名
部局	第１部（総務部） 第２部（生産部） 第３部（生活物資部） 第４部（労働部） 第５部（物価部） （以上５部）	生産局 建設局 貿易局 交通局 動力局 財政金融局 物価局 労働局 生活物資局 監査局（以上10局）	生産局 動力局 生活物資局 財政金融局 貿易局 建設交通局 （以上６局）	部長、局長・次長を設置 （　）は筆者による
附属機関			経済復興計画審議会 資源調査会 経済再建整備審議会 国民食糧等審議会 通貨発行審議会	
外局	物価庁	物価庁	物価庁 経済調査庁 外資委員会	
専門職員	約300名	約2,000名	約6,000名から3,000名へ次第に減少	

（出所）官報より筆者作成。

年2月のそれであった。

そもそも安本は、混乱した戦後経済を安定させるため1946年8月物価庁と共に設置され、組織的には総裁である首相のもと、総務長官（通称は安本長官）を置き、各省大臣にも指示できる強い立場にあった。しかし実際には、当初期待された機能は十分には発揮されず、経済危機はいよいよ募り社会不安も深まる一方であったことは、前章において述べた通りである。そこで業を煮やしたマッカーサーは吉田首相に、経済安定本部を抜本的に拡充し、より総合的な経済政策を実施できる組織とするよう、1947年3月22日付書簡で要望してきた（袖井林二郎編訳［2012］300頁）。すなわち、

必要なことは、全経済戦線を通ずる総合処理である。したがって日本政府としては、この目的のため設置された経済安定本部によって、現情勢の要求する総合的一連の経済金融統制を展開実施するため、急速かつ強力な措置を採ることが絶対必要である。

これを受けて日本政府は、同年5月1日安本の機構を拡充強化し、従来の5部制から、一挙に4副長官・1官房・10局の約2000名規模の体制を整えた。さらに権限も強化し、経済安定に必要な経済行政に関する基本的企画事務を各省庁から安本に吸収、統合したほか、重要施

策の統合調整、実施状況の監査などの権限も与えた。

こうして拡充強化された安本の布陣は、総裁に片山哲・社会党委員長（内閣総理大臣）、総務長官（安本長官）に和田博雄、総裁官房長に山本高行、総裁官房次長に稲葉秀三、次官格の総合調整委員会副委員長に都留重人が当たり、そして大来は総裁官房調査課長に、礬之助は大来の部下として総裁官房調査課の事務官に就くことになった。

以上の布陣からも窺えるように、この時期は、わが国が社会民主的な中道政治へと進む可能性を秘めた状況にあった。社会党委員長・片山哲を内閣総理大臣に戴き、和田博雄と稲葉秀三は企画院事件で検挙された元革新官僚であり、GHQ民政局にもケーディスやホイットニーなどのニューディーラー達が控え、左傾化の色彩が濃厚だったからである。現に当時施行された過度経済力集中排除法は、米国上院で「社会主義化を指向するもの」との批判を受けたりもした（都留［2001］232頁）。

したがって、和田安本を「日本の進路の分水嶺」とか、都留いわく「可能性をゆたかにはらんだ流動的事態」などとする評価が存在した（小野［2004］95頁）。しかし筆者は、仮に中道的な社会民主主義体制が樹立されたとしても、その後のソ連の動向により、日本を反共の防波堤とするという48年のロイヤル演説の方向へ進むのは必至と見て、一時的なものに終わったと考える。

いずれにしても、片山政権下の和田安本は、あらゆる経済官庁の上位に位置するものとして、他省とくに旧大蔵省や旧通産省から強い反発を受けた。また社会民主主義を脅威とする保守勢力からの厳しい批判もあった。そこで48年2月和田安本はついえ、和田はじめ「安本三羽がらす」といわれた山本、稲葉そして都留も安本を去った。ただ大来と譽之助は留まった。続いて49年6月安本機構は大幅に「権限」が縮小され——表4－1からはかえって拡充されたように見えるが——、52年にはついに廃止の憂き目に会い経済審議庁に改組された。わが国の市場経済出発時点において、安本は以上のような状況にあったのである。

2. ドッジ・ライン

米国政府は、安本の以上の迷走ぶりから、一方的に一人の男を日本へ派遣してきた。その人物こそがドッジである。49年2月ドッジは、先の経済安定9原則の具現者・実務家として日本を訪れた。一般にドッジ・ラインは、デフレを深刻化させたことをもって総括されがちであるが、1ドル＝360円の単一為替レートを設定したことが何より重要である。それが後の日本の高度経済成長の大きな要因の一つとなったからである。1ドル＝360円の固定相場制は71年までの22年間続けられた。そのドッジ・ラインは、およそつぎの三つを柱としていた。

①まず財政面。インフレの進行に伴う自然膨張とともに隠れた輸出入補助金などを公表した

ため財政規模は大幅に拡大したが、歳入面では徴税強化・旅客運賃と郵便料金値上げなどを、歳出面では公共事業・失業対策費や鉄道・通信事業費の縮減、価格差補給金の打ち切りなどを実施した。こうした緊縮財政により超均衡予算を実現したのである。この結果、48年度予算が1419億円の歳出超過であったのに対し、49年度予算は1567億円の歳入超過となった（三和［2002］179頁）。また対日援助物資の対価相当分を「見返資金特別会計」に計上して積み立てることとしタイトな資金管理を行った。

②つぎに金融面。金融のオーバー・ローンや復金債の発行禁止により日銀マネーの供給を控えた。③さらに1ドル＝360円に設定したことである。それまで日本では「複数為替レート」が行われており商品ごとに為替レートが決められていた。いきおい輸入品は円高に、輸出品は円安に価格が付けられた。単一為替レートは、大方の予想では270円から330円の範囲に設定されると思われたが、実際にはさらに円安に設定された。これは「日本を共産主義の防波堤にする」ことへのアメリカの期待の表われであったといえよう。後日譚になるが、その1ドル＝360円は連邦準備制度理事会（Federal Reserve Board：FRB）調査統計局次長（当時）のラルフ・ヤングによって決められたという（岸［1999］53頁）。

以上からドッジ・ラインについては、つぎのような評価が可能である。第一に、ある意味で均衡予算主義（①）はケインズ主義の対立概念であり、当時のアメリカの時代文脈としてもケインズ主義が盛んであったが、ドッジは緊縮財政主義者であり総需要抑制に赤字財政解決の糸口を見出したと思われる。第二に、通貨措置（③）をとらずにインフレを漸進的に解消させることを主張する「中間安定論」か、通貨措置によってインフレを一挙に収束させることを主張する「一挙安定論」かが47、8年当時争われ、一時GHQは中間安定論寄りの姿勢を示したが、結局一挙安定論がとられたのと同様になった。第三に、ドッジが「竹馬の足」と譬えた、日本政府の補助金とアメリカの援助（①）は厳しく制限され、わが国は市場メカニズムに向かってしだいに動き出した。

3．朝鮮特需

市場メカニズムに移行したドッジ・ラインの下では、図3-2に見られるようにインフレは収束したものの、いきおい生産縮小・金融引締め・人員整理が行われ社会不安が高まった。いわゆるドッジ・デフレの襲来である。ドッジ・ラインは、結果的にディス・インフレ政策ならぬデフレ政策であったといえる。とくに人員整理は、中小企業はいうにおよばず大企業でも行われた。国鉄も約10万人の解雇を行い、これに不満を持つ国鉄労組の仕業と噂された、下山・三鷹・松川などの不穏な事件が相次いだ。

朝鮮戦争の勃発

まさに万事休すといった局面で「神風」が吹いた。すなわち朝鮮戦争の勃発である。1950年6月25日、金日成率いる北朝鮮軍は38度線を突破し釜山にまで侵攻する勢いを示した。これに対しアメリカ大統領トルーマンは国連軍（実質上はアメリカ軍）を韓国に出動させ、マッカーサーをその最高司令官に任命。北朝鮮は中国義勇軍の支援を受け、これに抗戦した。ちなみにこの戦争で毛沢東の長男は戦死している。

この朝鮮戦争の過程で日本は、国連軍に物資やサービスを補給する役回りとなり、それらの増産により降って湧いた大好況が訪れ、ドッジ・デフレから立ち直るきっかけをつかんだ。隣国の不幸をわが国の幸運とするのは忸怩たるものがあるが、これがいわゆる「朝鮮特需」である。図4－1から、特需契約高は第3年目（52年7月～53年6月）が最大で50万ドル（1億8千万円）になんなんとしている。53年の輸出額は15億1千万ドル、輸入額は15億8千万ドルで、7千万ドルの輸入超過であり、外貨不足が必要物資の輸入を制約していた時期だけに、ドル収入をもたらす特需は大変ありがたかった。契約高の内訳は、物資として兵器、石炭、麻袋、自動車部品と綿布が、サービスとしては建物の建設、自動車修理、荷役・倉庫、電話・電信と機械修理が大きい。

51年7月に休戦会談が始まり、53年7月には休戦協定が締結されて、結局朝鮮戦争は短期間

図4－1　朝鮮特需の契約高

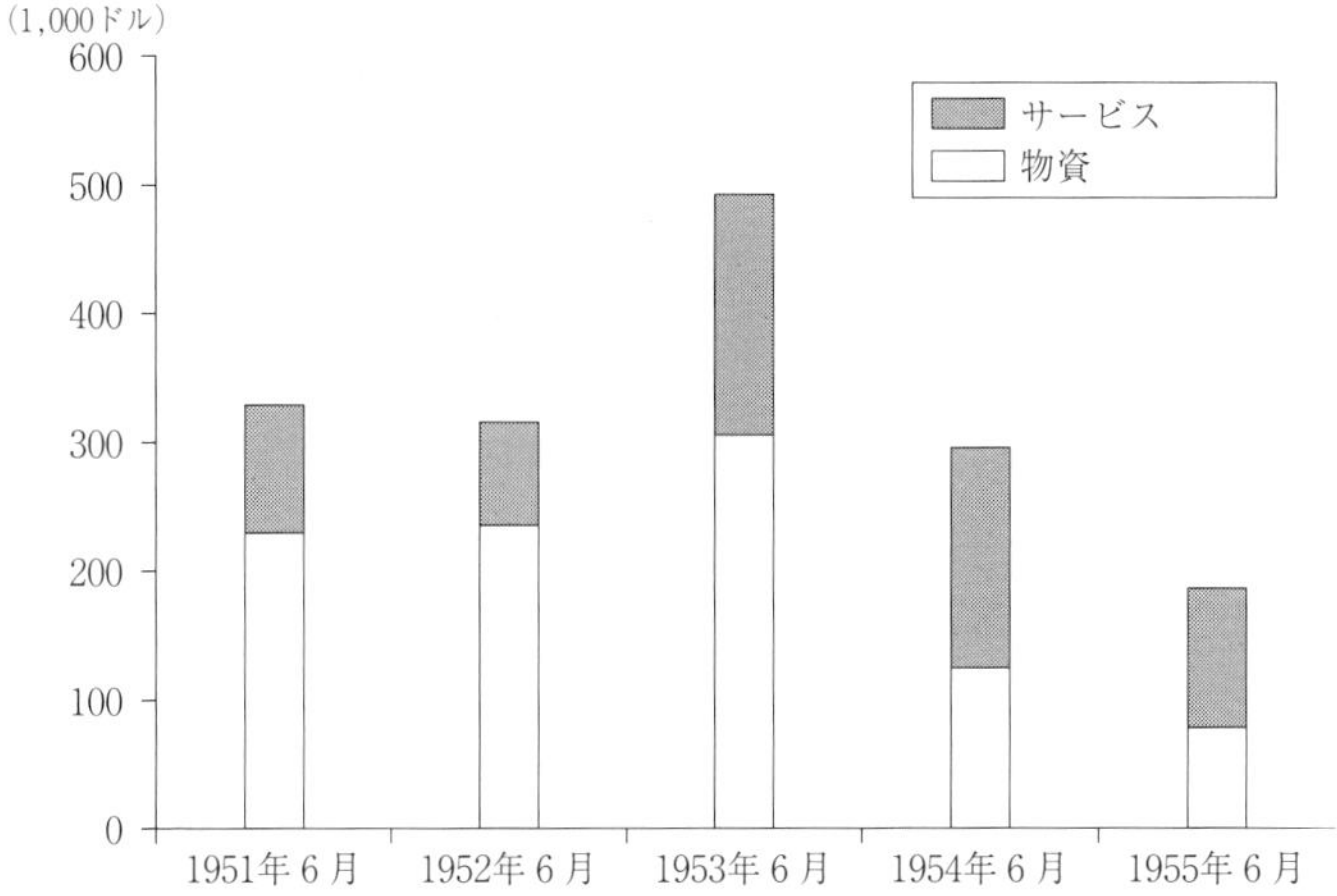

(出所) 安藤良雄編『近代日本経済史要覧』(第2版) 東京大学出版会 [1979]。

に終わった。それにつれ特需も減少している（図4－1）。しかし、その方がよかったのではあるまいかと筆者は考える。長引けば、特需頼みの国内投資が活発化し、それにつれ輸入が増え貿易赤字がつのった可能性が当時は大だったからである。

特需の罪

以上のような筆者の考えについて、『昭和28年度　経済白書』（[1953] 29頁）は「特需の罪」と呼んで、この点をつぎのように詳しく説明している。

特需によって日本の国際収支が一応バランスしているのだから物価を引き下げてまで輸出をふやそうとする努力は鈍ら

ざるをえない。それが日本の物価割高の一面の意味である。従って360円レートが保たれているのも、交易条件が動乱前にくらべて改善されているのも特需に負うところが大きい。特需8億ドルの約半分の4億ドルはサービスの供給（図4－1は契約高であることに注意――引用者）であって、外需とはいうものの国内的な取引に近く、国際物価の動向に余り動かされない。このようなサービス開発の売上げによって4億ドルもドル収入をえていることが、交易条件が改善されている理由の1つなのである。

以上のようにして考えるならば、特需は単に日本の国際収支の支えというのみではなく、日本の経済循環の内部にまで入り込んでいるのだ。特需が8億ドルあることを前提とすれば、生産や投資や消費のみならず物価の水準まで現在の姿で均衡しているのである。ただし特需が単なる支えでなく、循環の内部にまで入り込んでいるために、それがなくなった後の対策はそれだけ難しくなっている。特需があるがために日本の経済水準は上昇したのだが、特需にすがりつかなければ立ってゆけないような歪んだ経済の姿に陥ったことは、むしろ特需の罪に数えなければならぬであろう（傍点――引用者）。

第5章　アメリカ滞在

譽之助は都合3回渡米している。1回目は2カ月足らずの視察にすぎなかったが、2回目は1954〜55年、先に述べたアイゼンハワー交換留学生基金による、家族同伴の10カ月余りの長期滞在であり、3回目は58〜60年、わが国最初の景気観測官としてワシントンに赴任している（第8章）。

本章ではその2回目の渡米について述べるが、それは一言でいえば実り豊かなものであった。まず、当時のアメリカの経済学界はサムエルソンの全盛期であり、その学説に現地で接しケインズ経済学への理解を深めることができた。また、当地で知ったシュンペーターのイノベーションを白書で「技術革新」と訳し、その後イノベーションは日本では譽之助訳で呼ばれることが多くなった。さらに、エンクルマ・初代ガーナ共和国大統領とアイゼンハワー交換留学生同士として親しく交友するチャンスを得ることができた。またこの間、腰を落ち着けてアメリカ経済を観察することができ、それは後日、譽之助［1956］『アメリカ経済繁栄の構造』という書物となって結実する。以上のアメリカでの体験は帰国後大きく花開くことになった。

1．アイゼンハワー交換留学生基金

そもそもアイゼンハワー交換留学生基金とは何かについて、少しふれておこう。それは、アイゼンハワー大統領の63歳の誕生日の記念事業として、財界人の寄付金によって創設された奨学金制度である。この基金は、世界中から比較的若い人々を呼んでアメリカへの理解を深めてもらおうという趣旨で始められたものである。1955年には13カ国から13人の人が招かれ、2人のアメリカ人が海外へ派遣された。

譽之助は、当時の日本経済団体連合会（経団連）・石川一郎、日本商工会議所会頭・藤山愛一郎、日本貿易会会長・稲垣平太郎などからなる選考委員会で選ばれ、13人の1人としてアメリカへ渡った。この基金のメリットは、①一つに、政府ではなく民間による運営であるため、スケジュールは非常に弾力的で、フェローの義務としては、よりよくアメリカを理解することだけであったので、譽之助もかなりのびのびとアメリカ生活を楽しむことができたことである。10カ月間の滞在中、ワシントンに5カ月、ニューヨークに2カ月を過ごし、残りはアメリカ国内の旅行に充てられた（譽之助［1956］1頁）。

②今一つは、一定の政府高官や業界団体のトップなどとも、アイゼンハワー交換留学生という身分でアポイントがとれ、時には議論を交えることもできたことである。これはアメリカ経

アイゼンハワー交換留学生証

済をつぶさに見、日本経済振興の糸口を見出したいという譽之助の希望に合致するものであった。たとえば、商務省の企業経済局の多くの官庁エコノミスト達や、大統領経済諮問委員会の委員長・バーンズをはじめ、委員・ソールニエや同・デービスその他幹部の人々の意見を聞いている（譽之助［1956］122頁）。

この基金は今日まで続いており、これまでに約１００カ国、約２０００人がその恩恵に浴したといわれている。

2. 新古典派総合を学ぶ

譽之助は、ケインズ［1936］『一般理論』に少々手こずっていたが、日本で読んだサムエルソン［1948］『経済学――入門的分析』の明快さに目から鱗が落ちる思いがし、本場のアメリカにおける経済学の勉学に大きな期待を寄せていた。

譽之助が渡米した当時は、そのサムエルソンの全盛期であり新古典派総合の理論について、じっくり研究したものと考えられる。しかし、サムエルソン自身や、ハンセン、トービン、ヘラーなどのケインズ学派の学者と交流を持った記録は残されていない。ただアメリカの一流のエコノミスト達と議論を交わし、アメリカの風土の中で知識を豊かにすることができたのは得がたかった。それまで独学に近かった経済学が一段と自己の中で充実したように譽之助には感じられた。

では新古典派総合とは何か。もう一度第1章第3節に戻ると、一国の国民所得（Y）ないし国内総生産（GDP）はY＝C＋I、つまり消費（C）と投資（I）で決まる。しかし、盛んな消費と十分な投資が必ずしも行われるとは限らない。したがって放っておけば、完全雇用を達成するような国民所得が実現できないこともあり得る。とくにケインズが目にした1930年代の世界的大不況の下では、家計は貯蓄に向かい消費は縮小し、企業は利潤が減りさらなる設備投資をする余裕はなく、そこで完全雇用が達成されない（つまり失業者が出る）低い水準の国民所得が成立していたのである。これを不完全均衡ということはすでに述べた。この改善のために、ケインズの有効需要管理政策が出動される。すなわち減税や公共投資を行う財政政策と、低金利にしマネーストックを増やす金融政策である。とくに前者においては国債を発行し赤字財政を行うこともいとわない。

新古典派総合とは、以上のケインズ政策によって完全雇用を実現したあとは、新古典派経済学の市場の資源配分機能にゆだねようとするものである。新古典派経済学については、第1章第3節に述べておいた。本節では譽之助が、アメリカでの学びを通して、ケインズ経済学にしだいに自信を深めていったことが重要であろう。

3.「技術革新」という言葉

また譽之助は各地を見て回り、アメリカ企業の作り出す斬新な新製品に目を奪われ、後述するように大工場のオートメーションや原子力の平和利用の進んでいる様にも驚きを隠せなかった。このことから、シュンペーターの「イノベーション」の訳として、『昭和31年度　経済白書』（[1956] 34頁）が「技術革新」と翻訳したのは、ごく自然な用語選択だったと思われる。岸宣仁（[1999] 66頁）は、「『技術革新』と訳したのは、後藤が最初だった」（傍点——引用者）としている。この技術革新こそ「もはや戦後ではない」では、欠くべからざる用語として、そこに登場することになる（第6章第5節）。

イノベーションの同義語として、シュンペーター（1912、塩野谷祐一・中山伊知郎・東畑精一訳［1977］）『経済発展の理論』では、「new combinations」が「新結合」と訳され使われていた。そこでは新結合として以下の五つがあげられている（塩野谷他［1977］183頁）。

(1) 新しい財貨の生産
(2) 新しい生産方法の導入
(3) 新しい販路の開拓
(4) 原料あるいは半製品の新しい供給源の獲得
(5) 新しい組織の実現（たとえば、トラストの形成や独占の打破）

さしずめ技術革新は、その(2)に該当することになろう。馨之助の訳はちょっと狭すぎたかもしれない。しかし、日本では「技術革新」のほうが「新結合」より分かりやすい言葉であったためか、それがイノベーションの訳語として広まることになった。シュンペーターは、ワルラスの一般均衡理論を批判して、それは静態的過程には適用できるが動態的過程の解明には無力であるとし、一般均衡理論にいう均衡点は停滞を意味し、そこから脱出して経済発展を図るにはイノベーションが必要であると説いていた（根井［2006］36頁）から、やはりシュンペーターの意図したイノベーションは技術革新より広義のものであったといえよう。

ちなみに、シュンペーターには「Creative Destruction（創造的破壊）」という有名な表現もある。創造的破壊とは「内外の新市場の開拓および手工業の店舗や工場からU・S・スチールのごとき企業にいたる組織上の発展は、不断に古きものを破壊し新しきものを創造して、たえず内部から経済構造を革命化する産業上の突然変異」をいうとされている（シュンペーター1942、中山伊知郎・東畑精一訳［1962］150頁）から、これもイノベーションと同趣旨の用語であろう。

ちなみに、シュンペーターはボン大学やハーバード大学で教授を務めた高名な学者であったが、それよりも教育者として高く評価できる人物であった。彼は学生を寛大に受け入れ、多くの教え子を世に送り出した。しかし直属の弟子であった、中山伊知郎、都留重人、サムエルソンやトービンは、ケインズ学派として巣立っていった。皮肉にもシュンペーターは、ケインズ経済学のいわば産婆役を務めたのである。彼は心の中では不甲斐ないと思っていたに違いないが、それは教育者として耐えねばならぬ悲哀といえた。彼がいなかったらアメリカにおけるケインズ経済学の発展は支障を来したかもしれない。したがって譽之助もその余慶に与っていたわけである。

4. エンクルマとの出会い

譽之助は外面《そとづら》は良いが内面《うちづら》は悪いというタイプで、家では渋面を決め込んでいたが、ある日その譽之助が珍しく宿舎で家族に向かって「黒人でエンクルマという、すごい人がいるよ」と話しかけてきた。アイゼンハワー交換留学生には、世界各国から粒よりの人物が集められていたことはいうまでもない。家族は、黒人で立派な人がいるとおぼろげにしか想像できなかったが、いつにない譽之助の表情に非凡な人物に違いないとの印象は残った。

中村弘光（[1982] 134頁）『アフリカ現代史 Ⅳ』は、エンクルマは「大衆をひきつける魅力があり、学生運動を組織した経験をもち、雄弁家でもあった」と記されている。そこから、リーダーシップにあふれ紳士的で教養深くしかも英語が堪能である、といった人物像を推し量ることができる。後日１９５７年、そのエンクルマがガーナ共和国初代首相に就任したとのニュースが流れると、家族は譽之助の言葉の重みと慧眼に驚くのだった。

エンクルマは１９０９年イギリス領はゴールドコーストの生まれ。譽之助より7歳年上である。第二次世界大戦中、アメリカで組織された「アフリカ学生協会（ＡＳＡ）」による民族主義運動に身を投じた。ＡＳＡはナイジェリアやゴールドコーストの出身学生で占められ、エンクルマもその一人であった。45年マンチェスターでパン・アフリカ会議が開催されることになり、エンクルマもイギリスへ渡る。その第5回会議において、アフリカの急速な経済的・文化的・社会的発展、アフリカ人の最大限の行政参加、外国独占資本による支配の終絶、一定時期に完全自治を達成することなどの要求を盛り込んだ宣言が採択された。

このマンチェスター会議は、とくにイギリス領西アフリカに大きな影響を与えた。その結果47年、「統一ゴールドコースト会議（UGCC）」が結成され、エンクルマは専任の書記長に選任される。しかし保守的民族主義運動であるUGCCの穏健な行動に、かねて限界を感じていたエンクルマと青年層は、49年アクラで約6万人の大衆を集めた集会を開き「会議人民党（CPP）」を結成した。UGCCが首長・上層エリート・ブルジョアの政党であったのに対し、CPPは労働者・青年・下級官吏・事務職員・小商人らを基盤にした大衆の政党であった。50年自治を求めて行った街頭デモの際、警察官2名の死者を出し、その煽動などのかどでエンクルマを含むCPPの指導者は投獄の刑に処せられた。

しかしCPPの運動により、51年イギリス政府はゴールドコーストなどの自治

エンクルマ・ガーナ共和国初代大統領

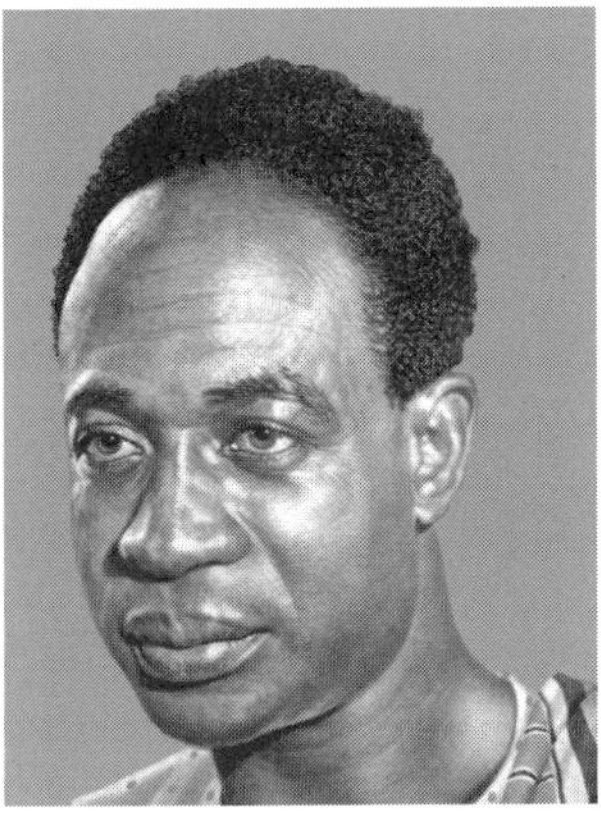

（撮影）ROGER VIOLLET
（提供）時事通信フォト

を定めた憲法を制定した。同年この憲法下の初選挙でCPPは圧倒的勝利を得、エンクルマは出獄して政府事務主席に就任した。しかし、この憲法にまだ満足できなかったエンクルマは、さらにその改正を請求。54年には新憲法が制定され、この憲法によって国内自治が認められ、立法議会および、総督に対してではなく議会に対して責任を持つ内閣が生まれた。ひきつづきエンクルマは独立が達成されることを政府に要望していたが、イギリス政府はようやく57年にゴールドコーストなどの独立を認めた。「ガーナ」という古代アフリカ帝国の栄光ある名称を借用して、独立国ガーナはこうして誕生した。その初代首相には前述の通りエンクルマが就いたのであった（中村［1982］131-141頁）。

譽之助が「すごい人」といったのは、こうした経歴をふまえてのことであった。しかし、エンクルマが以上の運動中の55年前後に、アイゼンハワー交換留学生として渡米していた精力と実行力には正直驚かされる。

5.『アメリカ経済繁栄の構造』の刊行

1956年、譽之助は中央公論社から『アメリカ経済繁栄の構造』を上梓した。これはアメリカ経済の見聞録である。すなわち、彼はさまざまな財界人や多くの官庁エコノミストと出会い、かんかんがくがくの議論を交わし、そして思索した。同書はその記録であり、目次は以下の通りである。本節では、同書（本節のみ引用した章も明示）から興味深い論点を拾い出し、アメリカ経済の当時における状況や譽之助の考え方を見ていこう。

第1章　アメリカの経済政策
第2章　アメリカ経済の底流
第3章　経済思潮と対外経済政策
第4章　オートメイション革命
第5章　第二次フーヴァー委員会
第6章　生産性向上運動
第7章　景気回復の真相
第8章　原子力の平和的利用
第9章　アメリカの労働運動
第10章　転換期に立つアメリカ農業
第11章　進行する企業合同
第12章　アメリカ資本主義の動的論理
第13章　ソ連からみた近代資本主義

技術革新

譽之助（[1956] 第12章：246頁）は現地で、アメリカ企業が次々に目先の変わった新製品や新技術を市場に送り出して、自社製品の販路を拡張していくさまに瞠目している。その技術革新の究極にオートメーションと原子力の平和利用があるという。ではアメリカ企業をして、このような技術革新競争に向かわせるインセンティブは何か。一つには政府による発明および技術の奨励があり、1955～56年の連邦予算では技術研究費は前年より7％ふえて22億ドル（約8000億円）を計上していた。しかし決してそればかりではないと譽之助は以下のようにいう（[1956] 第4章：69頁）。

一つの企業が技術の進歩によってコストの切下げ、品質の改善、新製品の導入に成功し、他の企業が旧態依然たるままであれば、技術のおくれた企業は業界から落伍しなければならない。それを防ぐために企業は競って研究の促進と設備の改善に資金を投ずるのである。アメリカの企業家が日本の資本家に比して技術の発達に熱心であるのを、単に彼らの心がけのよいせいだと思ったら、それは間違いである。その熱心さはぐずぐずしていたならば同種企業に圧倒されてしまうという単純な競争原理に基づいている。

これは自由経済ならではの、アメリカ企業の市場競争の面目躍如たる描写である。新古典派総合を学んだ礬之助の然らしむるところであろう。原子力はしばらく措くとして、今日では陳腐化しているオートメーションも当時はまだ目新しい言葉であったことが窺われる。それを紹介したつぎのような文章も現在かえって新鮮に聞こえる（礬之助［1956］第４章：70頁）。

オートメイションとは、オートマチック・オペレイションをつづめた新語である。この言葉は、フォードのＤ・Ｓ・ハーグー副社長あるいは、ジョン・ディーボルトという若い学者によって創られたといわれる。同じような内容を指してサイバネティックス（ギリシャ語の操縦手）ということもある。後者はＭＩＴ（マサチューセッツ工科大学――引用者）の数学教授のＮ・ウィナー博士とハーバード大学のＡ・ローゼンブリュース教授によって初めて使用された。オートメイションが従来のいわゆる「自動化」と異なる点は、それがフィード・バック（饋環）装置を持つ点にある。

ところで１９５５年当時の日本の技術レベルを考えると、つぎのような記述からいかにもアメリカがテレビ先進国であったことが知られよう。それを礬之助はユーモラスに語っている。わが国においては59年のミッチーブームの時にようやく、白黒テレビの台数が増え始めるという段階にあった（譽之助［1956］第12章：245, 246頁）。

アメリカでは大抵の家にテレビがある。大都会ではテレビの局が4つか5つあるのが普通だ。1つの局の放送を見ていて、他の局に切り換えるのにソファーから立っていってスイッチをいじる手間をはぶくためにこちら側で坐ったまま、懐中電灯で機械のある部分を照すと局の切り替えのできるような仕掛けのついた新製品が売り出されている。また手元までリモート・スイッチがのびていて、電話がかかって来てテレビの画は見ていたいが音がうるさいと思う時に、このスイッチをおすと音だけ消えて画はそのまま残り、電話の話がすんでからもう一度おすと、音もよみがえるという仕掛けも発売されている。何もこんな仕掛けがなくても、ちょっと立っていってスイッチをいじればよいのだから、贅沢すぎる工夫にちがいないが、やはり便利は便利で、こういう新型を隣で見て来た奥さんは、家へ帰って「あなた……」とねだる段取りになるわけである。

技術革新と労働組合

また、譽之助は産業別労働組合会議（Congress of Industrial Organizations：CIO）の指導者に会った時に、アメリカ労働運動の指導者はオートメーションについてどう考えているのかと聞いてみた。というのは、労働者は技術革新により職を奪われることになりかねず、それに反対するのが一般だと考えられるからである。意外にも彼らはつぎのように答えたという（譽之助［1956］第12章：247, 248頁）。

「人間の生活水準は、一人当たり食ったり着たり使ったりするものできまる。これらのものを一人当たり余計つくらなくてどうして生活の向上ができるのか。アメリカの労働組合は、技術の進歩にさからうような運動をしないという伝統を持っている。技術が発達すれば経済は発展し、究極的には雇用も増える。（中略）しかし技術の導入によって、過渡的、部分的に失業者が増える。われわれはその負担を労働者のみにおしつけようとする傾向に反対するのだ。その保障としてわれわれは年間保障賃金制を要求しているのである。また技術が進歩して経済が発展すれば、その分け前を労働者のために確保しなければならない。この二つの前提のもとに、われわれはオートメイションに賛成する」。

その答えがなかなか立派だったと譽之助は高く評価している。この点に感心したというとCIOの幹部は、それはそもそもアメリカの組合創設期からの伝統だと、さらにつぎのような話をしてくれたという（譽之助［1956］第6章：99, 100頁）。

「大組合の草分けＡＦＬ（American Federation of Labor：米国労働総同盟――引用者）は、１８８１年に創設されたが、その初代会長・サミュエル・ゴンパースは人も知るごとく葉巻工組合の出身であった。１８８４年に今まで手で巻いていたタバコの葉を板で型押しする技術が採用された時に当の葉巻工組合はもちろん、ゴンパースとその一党は、解雇を懸念して、ストライキによってはげしく戦った。しかしその結果はみじめな敗北であった。その経験から、初期労働運動の指導者は次の２つの教訓を得たのである。①技術の進歩を阻止しようとする運動は成功しにくいこと。②生産性向上、コストの切下げによって、その生産物の販路が広くなれば、雇用はかえって増加すること。この体験に基づいてゴンパースは、１９２０年にもっと進歩した葉巻機械が新規導入されたとき、これに反対してストライキにはしろうとする組合員を抑えた」。

ＣＩＯ以外にも譽之助（[1956] 第６章：102頁）は、国際協力本部（International Cooperation Association：ICA）、労働省の労働統計局（Bureau of Labour Statistics：BLS）および欧州生産性本部のワシントン出張所などを訪問している。

原子力の平和利用

1945年アメリカは「マンハッタン計画」により世界初の原子爆弾を製造し、早速8月6日広島、9日長崎にエノラ・ゲイなどにより投下して、その威力を実験した。この原子力の軍事利用の悲劇も冷めやらぬ46年には、「原子力法」が制定され官民あげてその平和利用に努めていくことが確約された。53年には、国連でアイゼンハワー大統領が原子力の平和利用に関する演説を行ったのを契機に、54年から急速に民間企業の平和利用への参加が積極化した。

わが国でも54年3月、改進党の中曽根康弘や稲葉修らによって原子力研究開発予算が国会に提出され、さらに55年12月には「原子力基本法」が制定されて、原子力の平和利用に先鞭がつけられた。当時は濃縮ウラン――天然ウランは濃縮しないと原子力発電には使えない――の安全性が議論されていた（譽之助［1956］第8章：170頁）。

外国にいて日本を眺めると、濃縮ウラン受入れの可否をめぐる論争はヒステリックだったが、最近の猫も杓子も「原子力、原子力」というありさまは、これまたすこしのぼせすぎているのではないかと思われる。原子力の平和的利用は幼児の段階だ。しかし恐らくそれは偉大な将来をもつと思われるから、日本人としてもこれに関心を持つのはまことに結構である。だが他に大事な問題がないようにさわぐのはおかしい。日本人の珍しい物好きで、すぐあきる性質がうかがわれるようでにがにがしい。原子力を立派な大人に育てあげるには、巨額な投資と長年月を必要とする。

それから約60年の歳月が流れた。原子力が本当に立派な大人になったとは、とてもいえないであろう。

ケインズ経済学と古典派経済学

アメリカ経済を観察しつつ譽之助（[1956] 第3章：56, 57頁）は、やはり自由放任というわけにはいかず、景気後退を阻止し経済成長を促すために、政府の役割が不可欠だと思わずにはいられなかった。ケインズ政策への賛同である。当時、公共事業を要した背景として、以下の3点をあげている。①まず、アイゼンハワー大統領が政権をとった1953年初頭は、ちょうど朝鮮戦争後の再軍備が一段落して景気は後退にむかう懸念をはらみ、何らかの意味で政府の積極策を必要とする時であった。

②また、54年経済の推移をかえりみて、州その他地方公共団体の公共事業支出の増大が景気回復をうながすのにきわめて有効であるという教訓を得た。③さらに、54年秋の中間選挙に共和党が一敗地にまみれ、議会が民主党によって牛耳られるようになった結果、現政府としては

超党派政策として若干民主党に歩みよる方が議会操縦策として賢明になった。

一方、譽之助（[1956] 第３章：57, 58頁）は、ケインジアン的指導理念が現政府において無条件に勝利を占めているわけではないとして、つぎのようにもいう。

現実の政治力としては支出削減、赤字縮小のエコノマイザー、古典派の力の方が遥かに強かった。この勢力を代表するのがハンフリー財務長官だ。各省が何か新しい事業を初めようとする際にはハンフリー長官を納得させるのが、最大の難関だそうである。しかしその立場も無理はない。52年の大統領選挙に際して候補者アイゼンハワーは４年間に６００億ドルの歳出の削減、均衡財政の達成を公約し、これが減税を望む企業家や大衆の心理にアッピールして当選の一助となったのだ。政敵はすでに54年ごろからこの古証文を引き出して財政の赤字が公約どおりになくならぬではないかと論難したのである。

ソ連共産主義の自己批判

１９５０年代といえば冷戦構造、つまりアメリカ資本主義とソ連共産主義が激しい対立を見せていた時代である。今では考えられないが当時は、資本主義はやがて自己崩壊し、社会主義への移行は「歴史的法則」であると、信じて疑わない人が多かった。しかし、譽之助（[1956]

第13章：254頁）は疑心暗鬼に「アメリカ資本主義が戦後恐慌を終局的に回避しうるか否かは、冷たい戦争の現段階において原水爆競争以上の見ものである。ソ連の唱える両体制の平和共存論の裏には資本主義経済が数回の恐慌に見舞われ、ついには崩壊に至るであろうという希望的観測がひそめられているにちがいない」と述べていた。

また譽之助（[1956] 第13章：259, 260頁）は、ソ連科学アカデミー付属経済研究所長ヴェ・ジャチェンコが研究所の機関誌『ヴァプロイ・エコノミキ（経済の諸問題）』の55年10月号に書いた巻頭論文を取り上げ、本論文は資本主義研究のみではなくソ連の経済学全般にわたっての自己批判であるとして、その論点をつぎのように10点に要約・紹介している。ジャチェンコは一見謙虚であるように映るが、この自己批判が本物でありかつ実行されていれば、ソ連経済はもう少しよい方向に向かったのではないかと考える。

①研究が実際から乖離している。②『経済学教科書』は大衆宣伝用の通俗的出版物で、より深い研究を満足させることはできない。この教科書の経済的カテゴリーの叙述は御託宣的である。③19回党大会（51年開催――引用者）以後の出版物にはあやまりが多い。④研究態度に独断癖、盲信、引用過多が見られる。引用の多いことをもって博学と誤解している。⑤消費財重点の思想も研究の不充分から生まれる。⑥思弁的傾向に走るおそれも多い。⑦国民

経済研究もたちおくれている。⑧資本主義の周期と恐慌の特殊性に対する理解が浅い。⑨資本主義の最近の発展に関する実証的研究にとぼしい。⑩農業経済研究も不充分である。

懇親会

（注）女性の隣が譽之助。オシャレである。仕事仲間と。

第6章　白書のキャッチフレーズに見る高度成長期・初期

譽之助は、1952年度から58年度にわたって『経済白書』の主筆を、のべ7年もの間務めた（ただし55年度はアメリカ滞在のため担当していない）。それまで（48～51年度）の大来佐武郎の経済白書は、よくいえば実証的・分析的であるが悪くいえば無味乾燥であって、お役所文書然としたものだった。しかし譽之助のそれは打って変わって、ジャーナリスティックな感覚と一般大衆に向けた分かりやすい文章で執筆され、ジャーナリストもよく取り上げベストセラーにも入り（大来［1981］82頁）人口に膾炙した。その意味で当時は、白書がジャーナリズムと共にあり国民と共にあった幸せな時代であったといえよう。後述するように、それも長くは続かなかった。

譽之助のジャーナリスティックな感覚の適例が、その時々の経済事象を端的に捉えたキャッチフレーズである。その点について、矢野智雄も「世論に訴え、世論を通して政府や企業経営者に影響を与えていく。そのために、一般の人々に分かりやすく問題を提起する。これが後藤白書の一貫した手法だった」と述べている（小野［2004］156頁）。

そうした譽之助作のキャッチフレーズとして、岸宣仁（［1999］81-89頁）は、「消費景気」、「すれ違いの悲劇」、「地固めの時」、「神武景気」、「もはや戦後ではない」、「なべ底不況」をあげていた。これらのいくつかは、今日も講学上「日本経済史」、「日本経済論」などの経済学のテキストで使われている。ところで、当時の状況を示す「国際収支の天井」という表現も存在するが、これは譽之助と関係はないのであろうか。同じく「岩戸景気」はどうか。

以下では、各年度ごとのキャッチフレーズを中心に、高度経済成長期・初期の日本経済の状況を見ていくことにしよう（図6－1を参照）。その際注意すべきは、当該年度の経済白書は前年度の内容である点である。たとえば『昭和27年度　年次経済報告』は、前年度すなわち昭和26年4月～27年3月を対象とする。また連続性を保つため、譽之助が参加しなかった55年度白書にも少しく言及する。

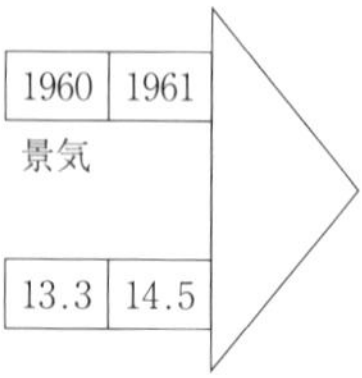

図6－1　1951-61年の好況・不況

年	1951	1952	1953	1954	1955	1956	1957	1958	1959
名　称 （継続月数）	消費景気 （27）			54年不況 （10）	神武景気 （31）		なべ底不況 （12）		岩戸 （42）
実質経済成長率			6.3	5.8	8.8	7.3	7.5	5.6	8.9

（出所）筆者作成。

1．1951年度

譽之助が手掛けた最初の経済白書、すなわち『昭和27年度　年次経済報告』の特徴は、①まず、譽之助お得意のキャッチフレーズがまだ登場しないことである。最初の白書であり彼も自重したのであろう。②また分析が、ケインズ体系に依拠していることがはっきり分かることである。これは重要であり後述する（本章第8節）。③さらに、51年度以前の経済状況を振り返り、それについて言及していることである。すなわち「戦後6年有余の経済は、これを大観すると次の4段階に分けられる」として、「戦後回復の4段階」について述べていた。

第1段階　終戦から昭和22年初めまでの混乱期
第2段階　昭和22年初めから23年末までの再建への発足期
第3段階　昭和24年初めから昭和25年半ばまでの経済安定計画期
第4段階　昭和25年半ば以降の動乱ブームおよびその調整期

本書ではこれについてはすでに論じた（第3章、第4章）が、簡単に振り返っておこう。終戦直後は無鉄砲なインフレ対策が講じられたり、なるほど混乱していたが（第1段階）、傾斜生産方式が緒につき1947年下半期には早くも目標値を達成、再建への足がかりをつかんだ（第2段階）。そして49年にはドッジが来日、ディス・インフレ対策を講じ50年半ばにはインフレも収束し物価は安定した（第3段階）が、いきおいデフレに陥り、たまたま起こった朝鮮動乱の特需に助けられて回復したのであった（第4段階）。

2.「消費景気」――1952年度

キャッチフレーズの処女作

譽之助のキャッチフレーズの処女作は、やや地味な感じもする「消費景気」であった。単純にいえば消費が増え景気もよくなった、という意味であるが、『昭和28年度　経済白書』において、彼はこの言葉について詳しくつぎのように論じている（経済審議庁編［1953］20,21頁）。

昭和27（1952）年の経済動向の特色はこれを消費景気と名づけることができるであろう。しかし、投資の年の後に消費の年が続くのは、景気循環の正常な過程である。27年は動乱（朝鮮戦争――引用者）ブームの余慶がタイム・ラグをもって個人の所得や消費にまわってきた年とみなければならない。わが国経済に特有な慢性的な過剰雇用の圧力によって動乱後も生産の上昇した割に雇用はふえなかった。従って労働の生産性は向上し、それにくらべれば賃金の上昇は遅れていた、その開きが原料を上回る製品価格の動きとも相まって企業に高利潤をもたらしたのである。27年の賃金所得の増大も、やはり雇用の増加を通じてではなく、一人当たり賃金の増加によって実現されたのである。このように消費景気の起点となった賃上げも、実は動乱ブームの賜である高利潤が存在していたから可能になったのである。

衣料の需要

すなわち朝鮮特需によって、生産の増加→賃金の増加→消費の増加、となったのである。この消費の増加は、やはり戦後の食糧不足から来るものであろうか。28年度の『経済白書』は、この点をつぎのように記し否定していた（[1953] 9頁）。

昨年（52年――引用者）の特徴は、食糧関係においてはそれほど消費が増加せず、繊維関係が衣料価格の低落に助けられて異常な膨張を示したことである。都市についていえば、繊維の購入量は1年間に6割という急上昇振りである。ごく最近では繊維の消費は一応頭打ちとなり、家具、家財のようなやや耐久消費財的なものに向っているようである。しかしこのような繊維や家具什器の購買量の増加をそのまま生活水準の上昇とみなしてはならない。なぜならば購入量の増加には戦時中および戦後を通じて甚しく消耗していた衣服類や家具類の補給という意味がある（後略）。

3．「すれ違いの悲劇」、「地固めの時」――1953年度

「君の名は」の日本経済版といえるか

岸宣仁（[1999] 85, 86頁）は、つぎのように書いている。「キャッチフレーズを駆使した〝譽之助節〟が最も典型的に表れたのが、昭和29（1954）年度の経済白書だった。当時のNHKラジオの人気ドラマ『君の名は』にあやかって、『国内均衡』と『国際均衡』のギャップを、主人公の春樹と真知子に見立てた〝すれ違いの悲劇〟に関する記述は、経済をより身近なものにするのに役立った。『〝君の名は〟の日本経済版』と評された29年度白書は、白書づくりに話題性を追求した後藤の面目躍如の作品といえる」。そこで筆者は、春樹と真知子の「すれ違いの悲劇」についての記述を『昭和29年度　経済白書』にくまなく探したが、せいぜいつぎのような文章を2カ所見出すにとどまった（経済審議庁編［1954］24, 35頁）。

輸出、特需が伸びない場合、国内経済水準がこれ以上に上昇すれば国際収支は赤字になる。

しかし当時はその事実が充分意識されないままに均衡水準を上廻って国内経済が膨張してしまった。国内均衡と国際均衡はこの点においてすれ違ったのである（傍点――引用者）。

政策（後述――引用者）当面の狙いは、過大になった輸入を輸出プラス特需に見合う範囲内におさめることにある。決して一足飛びに特需なしでの国際収支の均衡を意図しているのではない。その場合の国内経済規模引締め程度としては前章（略）に述べた国内均衡と国際均衡のすれ違った時期、すなわち27年下期から28年上期にかけての水準が一応の目安になるであろう。従って物価水準も2割、3割下落させることを意図してはいない。本年度においては5分ないし1割弱引下げればそれで目的を達するのである（傍点――引用者）。

これらの文中の「すれ違った」という文言は、なるほど『君の名は』を連想させるが、この程度の記述でこの白書を「〝君の名は〟の日本経済版」とまでいうのは無理があろう。したがって「すれ違いの悲劇」を経済白書のキャッチフレーズとするのは問題である。岸のそうした認識は、譽之助（[1959] 22頁）『日本経済の見かた考えかた』によるものではなかろうか。そこには確かにつぎのような記述がしたためられていた。

財政や投資に積極策をやれば国際収支が赤字になる、ということが十分に意識されないままに、こういうことがおこってしまった。お互いに知らないで行きちがったということが「すれちがいの悲劇」たるゆえんである。それでは「すれちがいの悲劇」の演出者はだれであったかというと、財政と設備投資である。こういう筋道で、わが国は、28年の下期に、国際収支の大きな赤字に直面したのであった。

「すれ違いの悲劇」の入門的説明

ところで本書は、読者として、前述したように経済学に通じていない人も想定している。したがって以上の「すれ違いの悲劇」の説明では、やや理解しがたいと感じられる向きもあるかもしれない。そこでもう一度、第1章の基礎に戻ってこの点の補足をしておこう。復習であるが1国の国民所得は、ケインズによると次の式で書くことができる（第1章第3節参照）。

(1)　Y＝C＋I＋G＋EX－IM

この右辺の一部を左辺に移項すると、

(2)　Y－C－I－G＝EX－IM、つまり（Y－C）－（I＋G）＝EX－IMとなる。

ここにY－C＝S（所得－消費＝貯蓄）だから、(2)はつぎのように変形できる。

(3)　S－（I＋G）＝EX－IM

これで準備完了である。ここから、先の「財政や投資に積極策をやれば国際収支（ここでは貿易収支）が赤字になる」が理解できる。すなわち、設備投資Iと財政支出Gが貯蓄Sをオーバーすると（S＜（I＋G））、左辺はマイナスとなる。そうすると右辺もマイナスにならざるをえず、EX＜IMとなって、輸入IMが輸出EXを上回り貿易赤字を招来するのである。第2章第1節で紹介した、譬之助による落語「花見酒」の記述は、輸入により豊かになった一方、貿易赤字となってしまった、というメカニズムを譬えたものである。のちに笠信太郎（［1962］50頁）も『〝花見酒〟の経済』を書いているが、そこでは意味が異なり、浮かれたバブル経済類似の状況を花見酒の経済と呼んだものであった。

以上の「財政や投資に積極策をやれば貿易収支が赤字になる」の対策として、とりあえず貯蓄を増やすことが肝要である。同白書（［1954］252頁）の末尾の文章を引用しておこう。

消費面においては出来る限り不急の費用を節約し、増加した所得のなるべく多くを貯蓄に振向けて生活内容を健全なものとすることが個人生活にとっても、また国家全体の経済にとっても緊要な事柄といわねばならない。

貯蓄を増やすためには、29年度白書（［1954］32頁）は、以下のように「1兆円予算と金融引締め」を提唱する。このように対策を財政政策と金融政策に求めるのは、ケインズ政策の常套である。

国際収支の危機の焦点は過大輸入にある。輸入が正常輸出で賄えないというばかりではない。その点では27年も同じだ。しかし27年度は特需を含めれば1億ドルの黒字であった。28年は8億ドルの特需がありながら3億ドルの赤字になったのである。二重の意味で実力以上の過大輸入である。従って輸入を輸出プラス特需収入の範囲まで削減することが何よりも先決でなければならない。そのためには輸入を無理に削減するというよりも、むしろ輸入増大の根因である国内購買力を緊縮し、輸入需要が自ら減ってくるように仕向けなければならない。前に述べたように国内購買力増大の推進力は財政支出と設備投資であった。従って購買力を抑えようとする場合に、財政規模の圧縮と金融の引締めから着手することはむしろ当然であろう。

ところで、一般に金融引締めというと公定歩合の引き上げを考える。しかし譽之助（[1959] 64頁）は、金融引締めの本体は日本銀行の窓口規制であるという。これは筆者には、ちょっと意外であった。その部分をつぎに引用しておこう。

窓口規制というのは、市中銀行が日銀に借りにいった場合、窓口に座っている貸付係がしぶい顔をしてあまり貸さないことである。わが国では、経済のうごきが金利によって調節される仕組みになっていない。日銀が金利を引き上げたからといって、市銀も貸出金利を引きあげ、企業がその高金利を見てすぐに投資を手びかえるような、そんななまやさしい経済ではない。倒れて後やむというむちゃくちゃな競争を、銀行も、会社もやっている。そうなると、倒れて後やむではなくて、倒れる前におさえるためには、市中銀行に日銀が貸し出すワクをおさえる。そうすれば、市中銀行もやむをえず会社に貸し出す額をおさえざるを得ないことになる。

この点は、野口悠紀雄（[1984] 182頁）も「この時期の金融政策は、窓口指導などの直接的・個別的手段に強く依存していたことにも注意が必要である。したがって、民間設備投資などの有効需要に対する効果も、主として資金のアヴェイラビリティ（availability：金融機関の貸出意欲と能力——引用者）を通ずるものであった。これは、教科書的な金融政策が、公開市場操作などの間接的・マクロ的手段を用い、主として利子率の変動を通じて有効需要に影響を及ぼすとされるのと比較して、大きな違いである」とうべなう。

しかし引締め策はリスクも伴う。若干のデフレ（5～10％以内——99頁）や失業などであるが、今後の発展のためには国民はこの程度は耐えなければならない、として同白書第1部「総説」（[1954] 42頁）は「遥かに拡大発展への道を仰ぎながら、足もとを固める。それが昭和29年の体勢でなければならない」（傍点――引用者）と結んでいる。ある程度の不況に国民は耐えてほしい、との意である。この点を譽之助は念押ししたかったのであろう、「地固めの時」は副題ともされていた。

「すれ違いの悲劇」の忘却

「忘却とは忘れ去ることなり」というのは『君の名は』のなかで流れるナレーションであるが、何の落ちもないフレーズとして有名である。ところで「すれ違いの悲劇」は、経済用語として顧みられず、現在の一般的テキストに見かけることはない。いわば、その言葉は忘却されてしまったのである。

では、その理由は何であったろうか。①まず『白書』に明確に登場しないことが決定的であろう。②また「調査課内にはちょっと俗ではないか」という声もあがったと熨斗隆文はいう（岸[1999] 87頁）。③さらに「すれ違いの悲劇」は、より一般的な「国際収支の天井」なる用語と内容的にかぶっているからである。

「国際収支の天井」とは「国際収支が経済成長の天井を形成しているとの意。戦後の日本は国内景気過熱気味になると輸出停滞、輸入増大で国際収支が悪化、経済成長が停滞した。このため金融を引き締めて輸入を抑制、輸出ドライブをかけながら今日にいたった」（金森・荒・森口［2002］388頁）ことをいう。この用語は経済白書でも使われている（たとえば『昭和33年度　経済白書』（経済企画庁編［1958］50頁））。

では、こちらの「国際収支の天井」は、いったい誰の作なのであろうか。譽之助ではあるまい。というのは譽之助の作風（？）は、既によく知られた言葉の転用が一般だからである。その意味で譽之助は「孫引きの名人」といわれた（岸［1999］89頁）。また内容もやさしいものが多いが、「国際収支の天井」の意味するところはやや難しい。筆者はこの意を問う問題を大学の学期末試験で何回も出題したが約3分の1の学生は理解できていないのが実情であった。さしたる根拠はないが、この語の作者は譽之助が「阿佐ヶ谷の先生」と呼んで、よく教えを乞うていた都留重人ではないかと想像する。

4．54年不況――１９５４年度

上記の緊縮財政と金融引締めは、幸いにも奏功して膨張した経済に歯止めをかけ、国際収支は改善した。国民の貯蓄性向も上がった。しかし反面、数年来上昇傾向にあったマネーストックは減少に転じ物価も下落、雇用も減少し、鉱工業生産や個人消費も停滞気味となった。いわゆる不況の到来であるが、下半期にはV字回復を果たすことになる。この点を以下ではもう少し掘り下げてみよう。ただ注意すべきは譽之助は外遊（前章）のため、この『昭和30年度 年次経済報告』には関与しておらずキャッチフレーズも用いられていないことである。向坂正男と矢野智雄が共同で主筆を務めた。

国際収支の改善

まず、1954年度の国際収支について同『年次経済報告』（経済企画庁編［1955］16, 17頁）は、つぎのように述べている。

344百万ドルの黒字となり、前年（53年——引用者）度にくらべて657百万ドルの大巾な改善をみた。これは特需が171百万ドル減少したにもかかわらず、輸出が357百万ドルふえ、また輸入が475百万ドル減ったためである。

そして輸出の増加原因①②③と、輸入の減少原因④⑤⑥について、要約すると以下のように分析している（［1955］16, 17頁）。すなわち、①世界貿易の拡大、②ポンド地域などわが国と関係の深い諸国の輸入制限緩和、③緊縮政策でかもしだされた輸出意欲の増大。そして④輸入価格の低落、⑤凶作の影響で前年度にふくらんだ緊急食糧輸入の減少、⑥輸入における支払いの節約、である。

貯蓄の増加

また、貯蓄の増加については同『年次経済報告』（[1955] 19頁）は、つぎのように指摘している。

> 家計においても、緊縮経済に即応して支出をきりつめ、貯蓄の増加に努めた。まず家計の収入に対する黒字の比率を勤労者世帯についてみると、昭和28年度の４・９％から29年度には６・６％に増加し、農家でも黒字の割合は前年度に引きつづいて11・７％の高率を示した。こうした家計の黒字は一部が借金の返済にあてられたほか、大部分が貯金や保険に向けられている。これを反映して郵便貯金、簡易保険、郵便年金および生命保険は29年度中に顕著な増加をみせ、前年度の増加額を19％も上回った。銀行の預金でも貯蓄性の預金は割合好調に伸びた。

下半期における景気回復

さらに、下半期におけるV字回復について、同『年次経済報告』（［1955］19頁）は以下のように、回復は輸出の増加のさらなる効果であるとしていた。

下半期の輸出総額は８７３百万ドルに上って、前期よりさらに2割ほど増加し、ことに鉄鋼や非鉄金属の輸出は6割もふえた。この間特需は漸減したが、輸出の増加はこれをカバーして充分余りあった。しかも輸入が著しく縮小したため、国際収支は大巾に改善され、その黒字は上半期の79百万ドルから、下半期には２６５百万ドルを記録した。このような下半期の輸出増加と輸入減少が国内の需給関係と金繰りに相当の影響を与えたことはいうまでもない。もとより輸出の増加や輸入の減少には、後述するように年度当初来のデフレ圧力がかもしだしたという面もある。しかし下半期の輸出伸長にはこうした消極的な面ばかりでなく、海外市況の好転も大きくひびいて、積極的に景気を上向かせる役割を果した。

5.「数量景気」、「もはや戦後ではない」——１９５５年度

アメリカから帰朝した譽之助が再び取り組んだ経済企画庁編［1956］『昭和31年度　経済白書』こそは、彼にとって記念すべき白書となったといえよう。話題性に富んでおり、キーワー

ドでいえば、この白書には「数量景気」と「もはや戦後ではない」とが記述されているからである。

数量景気

まず、同『経済白書』（経済企画庁編［1956］1頁）は「2．数量景気の発展過程」を述べるに当たって「序言」において、数量景気についてつぎのようにいう。

1955年は世界の工業ブームの年であった。工業国の生産とこれらの国々相互間の貿易は力強い発展を示した。世界の好況を背景にわが国の輸出は世界第二の上昇率を示し、これに伴って工業生産は増大し、あまつさえ気象条件に恵まれて、未曽有の豊作を享受したために、国民所得は久々に1割を上回る発展テンポを取戻した。顧みれば昭和28年、日本経済が内需の膨張、国際収支の悪化の過程をたどっていた際に、これを薄氷上の乱舞と評した世界の眼は、国際収支の大巾改善、物価騰貴も信用膨張も伴わない経済拡大を達成した日本経済力の力を、西ドイツの発展と対比して高く評価し直している。

しかし、同白書からは必ずしも「数量景気」の正確な定義は判然としない。そこで譽之助

昭和31年度・経済白書の表紙

（［1959］35頁）によると、数量景気とは「国際収支の大きな黒字、物価の安定、そうして金融の緩和、この3つの特徴をもちながら経済が拡大する景気の型」をいうとされ、「ドイツのMengenkonjunkturという言葉を直訳」したものとのことである。であれば翻訳とはいえ、これこそ譽之助の命名ではなかろうか。ところが岸［1999］は、これを譽之助のキャッチフレーズとしてはなぜか掲げていない。

一方、この時期の好況は「神武景気」という表現が知られており、このキャッチフレーズは『昭和32年度　経済白書』の冒頭に登場するが、宍戸寿雄によるとそれも譽之助の作とのことである（岸［1999］85頁）。では、この両者の関係はどうなっているのだろうか。神武景気というのは、1954年11月から57年6月まで続いた好況を「神武天皇以来これまでになかった景気」という意味で全般的にそう呼んだのであり、56年には上記定義の数量景気の特徴は揺らいでいたから、結局数量景気は神武景気の前半をさすのである。その根拠となる『経済白書』（［1956］4頁）の個所をつぎにあげておこう。

国際収支の大巾改善、物価安定、あるいはオーバー・ローンの是正の三者を同時に達成しながらの経済の拡大は、戦後初めての経験である。その一つ一つについては過去に例のなかったこともない。たとえば朝鮮動乱直後には国際収支は大巾の黒字を残したが、物価は騰貴し、信用の膨張を伴った。また27～8年のいわゆる消費、投資ブームの時期には、物価が横ばいながら、経済の拡大が行われたけれども、日銀信用は膨張し、国際収支は急速に悪化した。この三者の同時達成の事例を過去に求めれば、明治42年と大正4年がそれに当るであろう。

ここに明治42（1909）年は、日露の戦後恐慌（1907～08年）を脱し、生糸輸出量が世界第一位となり綿布の輸出高も輸入高をこえた年であった。やや活気を取り戻したとはいえ物価は落ち着いていた時期に当たる。また大正3（1914）年7月には、第一次世界大戦が勃発したが、すぐに大戦ブームとはならずインフレは抑えられる一方、前年赤字であった経常収支が239百万円の黒字に転じた年であった。ともに設備投資はほぼ適正な借入金ないし自己資本の範囲で賄われた時期でもあった。

図6－2　戦前水準を超えた年

	1946	1947	1948	1949	1950	1951	1952	1953	1954	1955	1956	1957	1958
国民総生産						▶							
同1人当たり								▶					
個人消費支出						▶							
同1人当たり								▶					
民間固定資本形成						▶							
輸出等受取												▶	
輸入等支払											▶		
鉱工業生産						▶							
鉄鋼業					▶								
機械工業				▶									
繊維工業											▶		
農業生産							▶						

（注）▶戦前（1934～36年平均＝100）を超えたことを示す。
（出所）三和良一「概説日本経済史　近現代」（第2版）東京大学出版会［2002］。

もはや戦後ではない

まず図6－2を見よう。ここに戦前水準というのは、1934から36年までの平均を100とした値である。同図を一見して1955年には、輸出入高と繊維工業生産高を除き、他のすべての指標が戦前水準を挽回したことが分かる。ここから直観的に誰しも55年は「もはや戦後ではない」という印象を持って当然であろう。しかし、『昭和31年度　経済白書』（[1956] 42頁）の「結語」がそういうのには、もう一つわけがあった。今後のことにふれた点である。

敗戦によって落ち込んだ谷が深かったという事実そのものが、その谷からはい上がるスピードを速からしめたという事情も忘れることができない。経済の浮揚力には事欠かなかった。経済政策としては、ただ浮き揚る過程で国際収支の悪化やインフレの壁に突き当るのを避けることに努めれば良かった。消費者は常にもっと多く物を買おうと心掛け、企業者は常にもっと多く投資しようと待ち構えていた。今や経済の回復による浮揚力はほぼ使い尽くされた。なるほど、貧乏な日本のこと故、世界の他の国々にくらべれば、消費や投資の潜在需要はまだ高いかもしれないが、戦後の一時期にくらべれば、その欲望の熾烈さは明らかに減少した。もはや「戦後」ではない。われわれはいまや異った事態に当面しようとしている。回復を通じての成長は終った。今後の成長は近代化によって支えられる（傍点——引用者）。

では、ここにいう「今後の成長は近代化によって支えられる」の「近代化」とは、何をさすのだろうか。同『経済白書』（[1956] 34頁）は、その点につき「原子力の平和的利用とオートメイションによって代表される技術革新（イノベーション）」を示唆している。同時に、歴史を振り返り、つぎのように述べているのは味わい深い。

技術の革新によって景気の長期的上昇の趨勢がもたらされるということは、すでに歴史的な先例がある。その第一回は、蒸気機関の発明による第一次産業革命後の情勢であって、1788年から1815年まで長期的に世界景気の上昇がつづいた。第二回目は、鉄道の普及によって１８４３年から１８７３年まで、第三回目は、電気、化学、自動車、航空機等の出現に伴って１８９７年から１９２０年まで、革新ブームが現出した。そして現代の世界を原子力とオートメイションによって代表される第四回の革新ブームの時期とみることもできるであろう。

本節を補足すれば、第一に、譽之助が翻訳したとされる「技術革新」という用語が頻出していることが指摘できる。55年頃には、すでに技術革新という言葉は人々に違和感なく受け容れられていたのかもしれない。そしてこの技術革新こそが、日本をその後の高度経済成長へと導いていくことになった。第二に、「もはや戦後ではない」というキャッチフレーズは、戦後の日本経済史を語るとき、必ず引用される名文句となった。あるいは経済白書といえば「もはや戦後ではない」を想起する人も多いほどに定着した。

このフレーズはもともと、『文藝春秋』の56年2月号に掲載された評論家・中野好夫の同名エッセーから拝借したものである。しかし、それは「経済白書に借用されて初めて世に広まった」（矢野［1975］1頁）。はたして本家よりも経済白書のほうが有名になってしまったのである。したがって譽之助のキャッチフレーズ作りの基本は俗にいうパクリであるが、それによって多くの人の関心をかえって喚起することができた。譽之助の部下であった内野達郎は、「後藤さんは（中略）暇さえあれば記者クラブに出入りして記者たちの関心のありかを確かめ、ジャーナリズムを利用して白書を世論に訴えかけようとした」ことをあかしている（岸［1999］75頁）。

誉之助（［1959］164, 165頁）は回顧して、この「もはや戦後ではない」は巷間誤解もされたと述べる。

　私どもが、もう戦後でないということを数年前の経済白書でいったのは、そういう意味であった。もう〝戦後〟でないから、いままでみたいに楽なテンポで経済が伸び、産業活動が拡大すると思っていたらまちがいだぞ。いままではふきあげる力が強いから、それに乗って身をまかせていればよかったけれど、こんどはふきあげる力自身を、近代化投資ということによって呼びおこさなければいけないのではないか、ということをいったのだ。ところが、この言葉が、世間では、一部は誤解されながらも非常にアピールした。誤解されて用いられたというのは、成長率は下がるという点については少しも考えないで、単純に〝神武景気の讃歌〟として受け取ったのである。もう戦後ではない。もう新しい段階なんだ。経済繁栄、神武景気というものは百年もつづくのだというような感じで、この言葉が流布していった。

第三に、55年という年は日本という国の戦後体制の基盤造りにとって記念すべき年であった。いわゆる「55年体制」である。しかしこの点はすでに第1章で論じたからくり返さない。

6．「神武景気」――1956年度

投資景気

『昭和32年度　経済白書』（経済企画庁編（[1957] 2頁）は、神武景気の後半を「投資景気」と名づけた。東証ダウ平均が当時としては最高値の595・46円をつけ、日本経済は前年を上回る好況を現出した（図6－3は、そのおよその様子を示す）。そう呼ぶ理由として、同『経済白書』（[1957] 2,3頁）はやや高揚した語り口で、つぎのように記している。

昭和31年度の経済拡大のテンポは万人の予想を上回った。年度当初の政府見通しによれば、同年の国民所得は前年度に対して4・3％、鉱工業生産は7・2％伸びると想定されていたが、実際には前者は13・9％、後者は23・4％の成長を達成した。また第一図（略）にみるように、5カ年計画（「経済自立5カ年計画」――引用者）の想定成長率にくらべても、国民所得、消費等の伸びは2倍以上、生産、輸出は3倍、輸入は5倍、投資は8倍の拡大テンポを示している。30年度においても、国民所得の成長率は11％であった。しかし、この2年

図6－3　GNPと設備投資など（1950～60年）

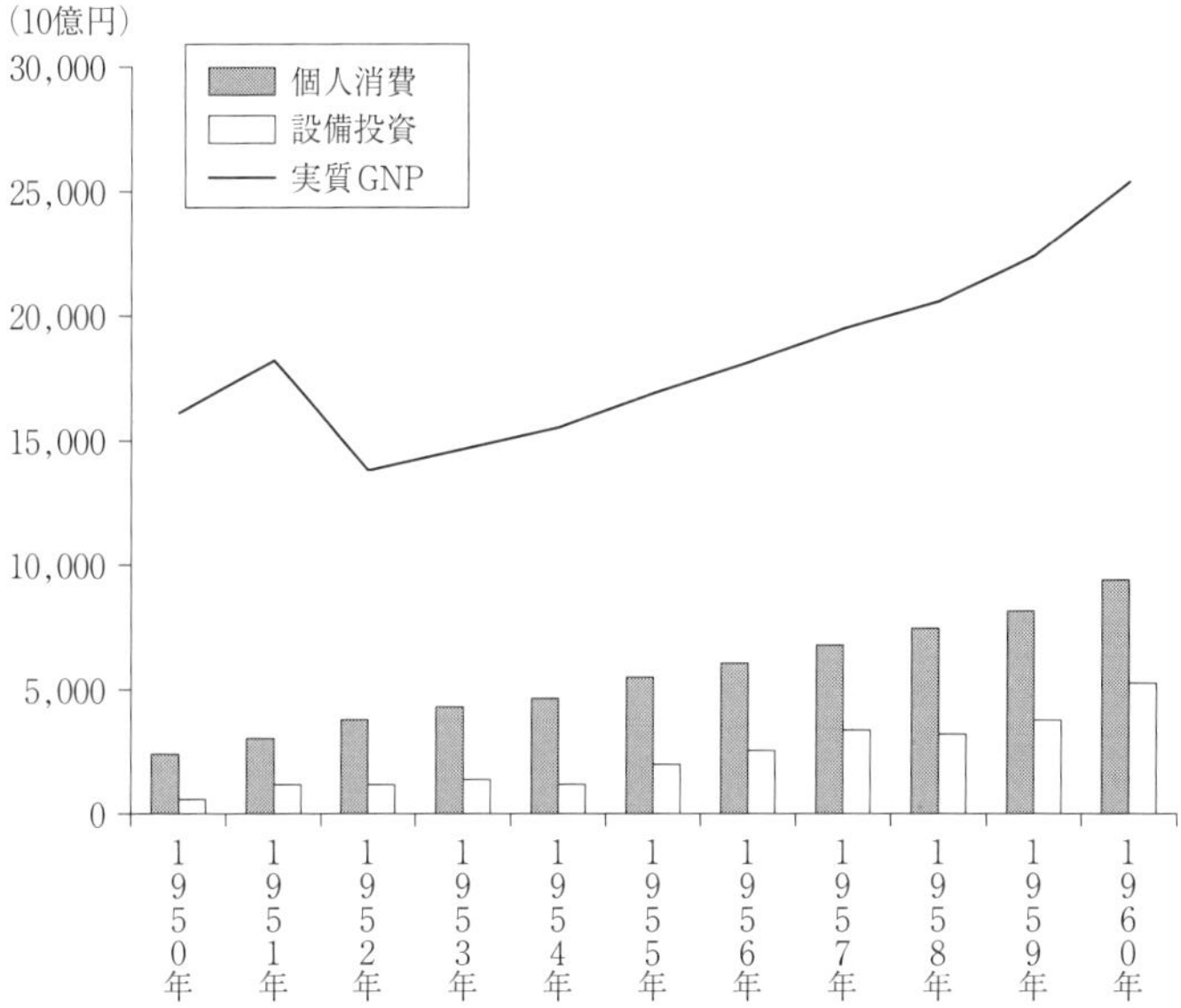

（注）暦年。
（出所）1950～54年：『経済白書』各年版。55～60年：内閣府統計。

つづきの経済繁栄をもたらした原動力は、30年度の輸出（為替受取額で対前年3割増）から31年度の民間投資（6割増）に転換している。

この投資景気は、「投資が投資を呼ぶ」といわれた岩戸景気（1958～61年）の前兆となった。こうして先の数量景気の特徴の一つである、①物価の安定性は失われた。このように投資が増加した原因の一つに、金融の変化があった。すなわち年度当初の預金超過から一転して貸出超過になったのである。この点を同『経済白書』（［1957］2，3頁）は、つぎのように述べている。

30年度中は、輸出売上げの増加による企業収益の増大、従って預金の増加にもかかわらず、投資意欲が停滞していたために銀行に対する資金需要は増大せず、預金超過の状態が継続した。市中銀行は、この余った資金を日銀借入の返済にあてた。かくして一時は4千数百億円あった日銀貸出も、30年度末には約3百億円に減少した（オーバー・ローンの解消――引用者）。日銀への返済が限度に近づくとともに金融機関の資金過剰状態があらわになり、金利の低下も著しく、いわゆる貸出競争が行われた。31年度に入っても企業収益は好調をつづけたが、投資意欲の増大により、企業はその収益をあげて投資に注ぎ、それでも足りずに不足資金を借入に依存した（オーバー・ボローイングの復活へ――引用者）。

さらに数量景気の特徴の一つである、②無オーバー・ローン状態も失われた。以上は結局、本章第3節で述べたような貯蓄を超える投資が行われたことを意味する。そこで説明したように、この結果は③国際収支の赤字を招く。このことを表現した同『経済白書』（［1957］9，10頁）の以下の記述は、譽之助の筆致が冴えている。

投資ブームはある程度継続すれば、景気循環の自然のめぐり合わせとして頭打ちに転ずるから、景気上昇を他律的に抑制する必要はなく、わが国経済は国際収支の壁に衝突するごとくにみえながらその寸前で、景気の自動調節力によって巧みにＵターンを行うという見解も有力であった。しかし経済の論理はきびしくみずからを貫徹して、今日のごとき国際収支の危機が現出したのである。

これで結局、数量景気の特徴の三つ、つまり①～③のすべてが失われることになった。

サイクリング

余談になるが、当時の譽之助は仕事に脂が乗り切った時期であり、夜7、8時に帰宅するというようなことはほとんどなかった。そうした譽之助ではあったが、たまの休日（土曜日は当時まだ休日ではなかった――引用者）には趣味のサイクリングを楽しむこともあった。

五月のある晴れた日、よく眠れた朝の爽快な気分にも背中を押され、玉川通り（国道246号線）を三軒茶屋の方から西へ自転車を走らせた。1950年代はまだ路上を玉川電気鉄道がのどかに走っており、その軌道に沿って風を切ってペダルをこぐ。両側は世田谷の民家が甍を争い、家々の所どころに新緑が鮮やかな顔をのぞかせていた。時には、道沿いの大きな邸の前に立ち止まって、若葉の茂った樹々の上に鳥が飛び交うのを門越しに眺めた。そうこうしているうちに後方から来た玉電が、轡之助を追い越してゆっくり遠ざかっていった。朝は寒いほどであったが、少し走った今はむしろちょっと汗ばむ。ふと轡之助は、子供のころ学校で習ったロバート・ブラウニングの詩（上田敏訳）「春の朝」を思い出した。

時は春、
日は朝《あした》、
朝は七時、
片岡に露みちて、
揚雲雀《あげひばり》なのりいで、
蝸牛《かたつむり》枝に這い、
神、そらに知ろしめす。
すべて世は事も無し。

「もうすぐ用賀だ」と轡之助がひとりごちたのは、用賀から先は下り坂になっていて運転が楽になるからだった。少し疲れた。近くの真福寺や無量寺を訪ねたこともあったが今回はパスする。しだいに田園風景が広がっていき、田植えをしたばかりの稲がまばらに風にゆれていた。瀬田の辺りは、欅が叢生していたり葡萄などの果樹も見られた。とうとう二子玉川に着いた。自転車を降り手押しで二子橋のたもとまで堤を登っていくと、急に視界が開け、広大な多摩川の河川敷が現れた。河川敷自体は、多摩川が「暴れ川」といわれるだけあってさすがに荒涼としていたが、周辺は水と緑にあふれ子供達の快活な声が響き、南西の川崎の街から北西の秩父連山にわたるパノラマに、譽之助は日々の心患いも忘れ浩然の気を養うのであった。当時も兵庫島は地つづきで、こんもりと木々に覆われていた……。

譽之助にとってサイクリングといえば、決まって多摩川までのコースであった。時には子息を伴うこともあった。それは、つかの間の仕事の息抜きであり、ささやかな家族サービスでもあった。

7．「なべ底不況」――1957年度

今日いう「なべ底不況」とは違う

神武景気は31カ月続くが、それは数量景気からしだいに投資景気の性格を帯びるようになって、またぞろ国際収支の悪化が顔を出すに至ったことは前節に見たところである。この点を『昭和33年度　経済白書』は、簡潔につぎのようにまとめている（経済企画庁編［1958］48頁）。

（1）短期的には景気循環の沈滞局面にある。種々な下支え要因のために大きな落ちこみは回避しうるであろうが、行きすぎた投資ブームの反動で本格的な立直りまでには前回のデフレ（1954年——引用者）よりある程度長い期間を要するであろう。

（2）趨勢的には32～3年を第二の屈折点として経済成長率は鈍化するであろう。しかし、その際の成長率も戦前のそれに比較すればなお高水準を保つと考えられる。

これを要するに今回の不況は、54年のようなV字回復は見込めず長期化するだろうという予測といえる。そこで譽之助はV字型ではなく中華鍋のようななだらかな凹型をイメージして「なべ底不況」とネーミングしたのである。しかし結論からいえば、この予測は当たらず結局日本経済はV字回復を遂げ、岩戸景気を迎える。不思議なのは、それにもかかわらず今日の日本経済史などのテキストは、57～58年の不況を譽之助の表現に忠実に「なべ底不況」と呼んでいることである。筆者としても譽之助の遺産が今に残ることは感慨深いが、その意図したところとは異なる用語法に、いささか戸惑いを禁じ得ない。

在庫論争

話は前後するがこの当時、譽之助は「在庫論争」と呼ばれる丁々発止の議論に足を踏み込んでいた。論争相手の代表は安本の先輩・下村治であった。下村は、後に首相・池田勇人の所得倍増計画の理論的支柱となった人物として知られる。以上にも述べたように、轡之助は神武景気による投資景気が輸入増大を招き国際収支を悪化させたとし、何とか手を打たねばならないと考えていたが、下村はそれに反対して、つぎのようにいう（金森［2007］11頁）。

輸入増加の主因は在庫の増加によるものであり、やがてそれは反動的減少を起こすから心配ない。（中略）在庫のための輸入は何時か減少するはずであり、問題とするに当たらない。

しかし、55年20億61百万ドル、56年26億13百万ドルと輸入はどんどん増える傾向にあったところ、57年5月に引き締め政策が実施され激減を見たので、轡之助の考えが日本銀行を動かしたと筆者は見る。こうして在庫論争の勝敗は轡之助に軍配が上がったといえよう（これに対する反論：上久保敏［2008］89頁）。しかし「勝って兜の緒を締めよ」ではないが、轡之助は謙虚に以下のように述べていた（轡之助［1959］73頁）。

論争をするときにはどうしても相手をやりこめようとやっきになるもので、輸入増大のうちで「在庫の蓄積」が占めるウエイトをすこし軽く見すぎたきらいがある（中略）。われわれは在庫蓄積による輸入増大というものを全面的に無視したわけではなかったが、その後の成り行きから考えると、このときの日本の在庫蓄積はそうとうなもので、それが輸入増大の大きな原因になっていたのであって、われわれはその度合をすこし軽くみすぎていた。また、そのことから、輸入依存度の上昇をすこしばかり長期的、構造的な変化に結びつけすぎた傾きがあったことになる。依存度が上昇したことは明らかだが、それはもっと短期的、循環的な原因による割合が多かったものと考えられる。

8．小括

キャッチフレーズの特徴

以上を整理すると、経済白書における譽之助作のキャッチフレーズとして、岸（[1999] 81-89頁）は、「消費景気」、「すれ違いの悲劇」、「地固めの時」、「神武景気」、「もはや戦後ではない」、「なべ底不況」をあげていたが、まず「すれ違いの悲劇」は白書には登場せず、出所は譽之助（[1959] 22頁）であった。また「神武景気」については、譽之助はその前半を「数量景気」、後半を「投資景気」とも呼んでいた。ちなみに「神武景気」というのは少し奇をてらった言葉に聞こえるかもしれないが、当時は「神武以来の○○」という言い方が流行していて、たとえば「神武以来の美少年」や「神武以来の天才」などがあった。

さらに「なべ底不況」は、V字回復は見込めず長期化するとの意味を込めて譽之助が命名したものであるが、実際この不況はV字回復を遂げ不適切な表現となってしまった。にもかかわらず今日「なべ底不況」は57～58年の不況の名称として講学上使われている。天国の譽之助は苦々しく思っていることであろう。

一方、同時代のキャッチフレーズに「国際収支の天井」という表現も存在し、本書は先に名付け親の大胆な推測をしたが、実のところ作者は不明である。また「岩戸景気」は譽之助が白書の主筆を辞めてからのものであり、これには彼は関与していない。

ここから譽之助のキャッチフレーズ作りの特徴は、誰もが知っている事柄や流行の表現にこと寄せて、日本経済の状況を分かりやすく説明しようという意図に出たものであり、決して奇抜な表現で大衆の気を引こうとしたものではなかった点である。譽之助自身も「われわれはただ事態を表現するのにどのように言葉を用いたらよいかを模索するだけで、それがピッタリしていればジャーナリズムはとりあげて定型化してくれる」、「われわれはキャッチフレーズをつくるつもりで作った事は一度もない。ただし、このようにしてできた新しい言葉は経済知識を大衆化するために役立っていることは確かだろう」と語っていた（岸［1999］102, 103頁）。

経済安定本部の権限縮小の中で

しかし、譽之助が52~58年の経済白書において、そうしたキャッチフレーズを用い自由な論陣をはったことは、ある意味で驚異である。なぜなら、第4章第1節で見たように、当時しだいに権限を縮小されていった経済安定本部は52年ついに廃止され、経済審議庁（55年からは経済企画庁）に移行していたからである。そこでは、それまで安本の行ってきた経済政策の立案・総合調整などの権限は、旧大蔵省や旧通産省などに移され、経済審議庁は単なるアドバイザリー（諮問）的な存在に格下げされたのだった（小野［2004］134頁）。失望した大来は辞職し、譽之助は貴重な後ろ盾を失うことになった。

このような背景の下で、譽之助調といわれた経済白書が書かれたことは忘れられてはならない。旧大蔵省や旧通商産業省の連中からの視線を感じもしたし、ライバル意識もあった。アロハシャツで登庁し強がってみたこともあった。譽之助の時代は自由に書けたとはいっても、実際は葛藤があり気兼ねなくやすやすと執筆できたわけではなかったのである。そこで譽之助は、できる限り分かりやすい注目されやすい内容にし、一般の支持を得ることが命脈を保つことになると考えたと思われる。同僚の協力と励ましに加え、ジャーナリストの好意的な反応もうれしかった。

そうした中で、譽之助が「調査課長を退任した33（58）年までの経済白書はいわゆる『後藤白書』と呼ばれて、経済白書の全盛期を築いた」（矢野［1975］1頁）のである。しかし後藤白書のあと、「全盛期」を過ぎた経済白書はしだいに力を失せていく。経済諸官庁のタテ割り行政の結果である。小島英敏（1970、71年、内野達郎・内国調査課長の時の調査局長）も「戦後復興期の白書は何でも書けたが、昭和40年代に入ると官僚的になって、他省庁のOKがでないと次官会議を通らなくなった」と述べている（岸［1999］168頁）。

こうして「日本経済に関する総合的な分析として、経済白書はほとんど唯一のものであり、その作成に当たる調査課は少なくとも戦後何年かのあいだこうした分析の独占機関であった」（矢野［1975］1頁）が、譽之助白書をピークにその地位を後退させたのだった。

ケインズ経済学の普及

譽之助が主筆をつとめた経済白書はすべて、ケインズ体系（Y＝C＋I＋G＋EX－IM）を踏まえた内容になっていた。都留重人はサムエルソン（都留訳［1977］）『サムエルソン経済学』（原書第9版）の翻訳者であるにもかかわらず、その手になる『昭和22年度　経済実相報告書』はそうした点は希薄であった。大来もケインズには明るかったが、主筆をつとめた『昭和23年度　経済情勢報告』、『昭和24年度　経済現況の分析』にはそれは反映されず、『昭和25年度　経済現況報告』、『昭和26年度　年次経済報告』に少し顔を出す程度である。たとえば前者（経済安定本部［1950］24頁）に、つぎのような文章が見られる。

安定計画の進展は、インフレ下の見せかけの需要を縮小させ、売り手市場から買い手市場への転換と相まって、有効需要の動向が産業活動を大きく規制するようになった。以下有効需要をあらわす指標としての投資、個人消費及び輸出の動きと、供給力としての輸入及び国内生産の推移を概観してみよう。

ここからはケインズの用語である「有効需要」や支出国民所得の構成要素への関心が見られる。しかし、1年後の大来の『昭和26年度　年次経済報告』では、なぜかこの点がやや後退する。一方、譽之助にとって最初の経済白書となる『昭和27年度　年次経済報告』（経済安定本部［1952］30頁）では、ケインズ体系を前面に打ち出している。

わが国国民所得の推計は、統計の不備もあっていまだ完璧とはいいがたく、その数値を用いて経済分析を行うには種々困難が存する。しかしおよそ一国の経済活動の概観を把えるには国民所得とその支出内容を見るにしくはない。従ってここでは敢えて国民所得の分配、支出を通じて、昭和26年における日本経済の動きを検討してみることとする。まず当本部国民

図６－４　国民所得とその支出

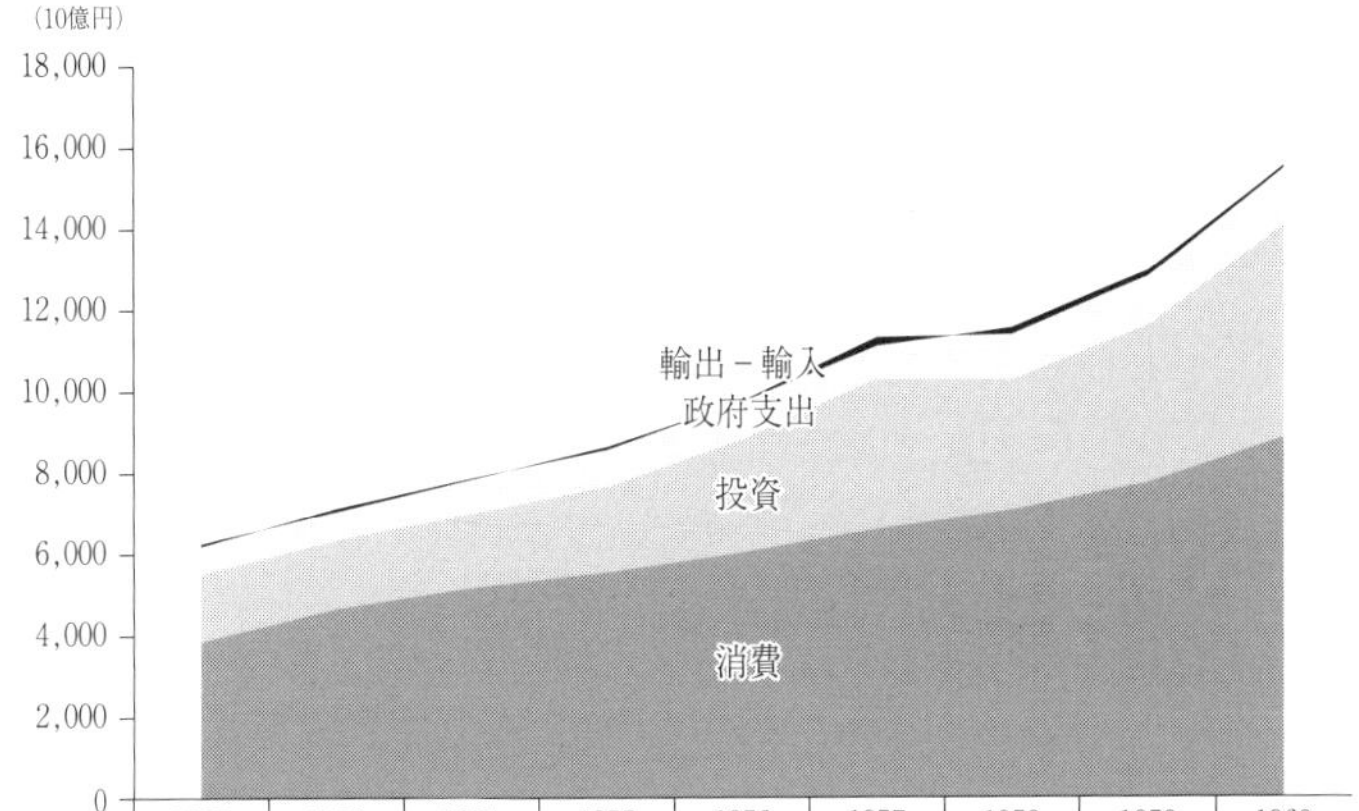

	1952	1953	1954	1955	1956	1957	1958	1959	1960
■ 輸出-輸入	68	－81	－28	75	－19	－215	168	141	61
□ 政府支出	668	780	864	894	936	1,009	1,105	1,209	1,382
▨ 投資	1,662	1,691	1,838	2,126	2,797	3,686	3,193	3,853	5,233
▩ 消費	3,861	4,665	5,162	5,529	6,012	6,597	7,057	7,722	8,823

（出所）経済企画庁『改訂国民所得統計』[1969]。

所得調査室の推計による26暦年の国民所得は次の通りである。

そう述べて、26（1951）年の分配国民所得を計算、それに加除して以下のように支出国民所得を算出している（[1952] 31頁）。

国民総生産5兆1千億円は、個人消費支出へ3兆円、民間総資本形成（住宅、固定施設、在庫品増加等への投資）1兆2千億円、政府（中央、地方を含めて）の財貨およびサービスの購入8千億円、海外純投資（輸出、貿易外収入より輸入、貿易外支出を差引いた国際収支差額より海外よりの純贈与を除いた純受取額）へ600億円支出された。

これは明らかにケインズ体系を意識した記述である。こうして譽之助は啓蒙し、日本にケインズ経済学を根づかせる一役を担ったといえよう。図6-4は、上記の方法で52～60年の国民所得を示したものである。では、その基礎知識を譽之助は、どのようにして習得したのだろうか。52年当時はまだ、アイゼンハワー交換留学生として渡米する前であり、ケインズ［1936］『一般理論』の邦訳は出ていたけれども、ハンセン［1953］『ケインズ経済学入門』（邦題）やサムエルソン［1948］『経済学――入門的分析』（邦題）の邦訳はまだ存在せず、おそらく大来が持ち帰ったこれらの原書などを読んで学習したのではなかろうか。ケインズの原書自体は下村でも難解だとしていたし、戦時中に行われた『一般理論』の勉強会にも、まだ経済官僚ではなかった譽之助は参加していない（第1章第2節）。

白書のキャッチフレーズであるかはともかく、本章第3節「すれ違いの悲劇」のメカニズムも、今日のマクロ経済学にいう「貯蓄投資バランスと経常収支」に通ずるものである。

こうして日本の経済官庁は、終戦直後はマルクス経済学者とも手を携えていたが（第3章）、高度成長期に入る頃からしだいに思弁的・理念的なマルクス経済学から遠ざかり、実証性・客観性を重んじ経済政策の策定にも資する、近代経済学に一本化されていくことになった。これは学界の動きと比較すると興味深い。

第7章　再発見：高度成長期

以上では経済白書の譽之助の作ったキャッチフレーズを中心に高度経済成長期・初期について見てきたが、本章では譽之助［1959］『日本経済の見かた考えかた』を中心に同時期のそれ以外の様子も、もう少し見ておくことにしよう。この書物では、譽之助は白書よりも分かりやすく、自ら愉しみながら書いているような雰囲気があり、時には俗な表現を使うこともいとわない。ところで本書にいう高度経済成長期・初期とは１９５５～60年をいうこととし、高度経済成長期・前期（１９５５～64年）とは区別することにしたい。つまり初期とは譽之助の存命中をいう。

1．雇用状況

当時の賃金

当時の大卒初任給は、国家公務員のいわゆるキャリアについて見ると、１９５５年には何と８７００円であった。それが59年に１万円を超えた。今日からするとまさに隔世の感がある。

図7－1　大卒初任給

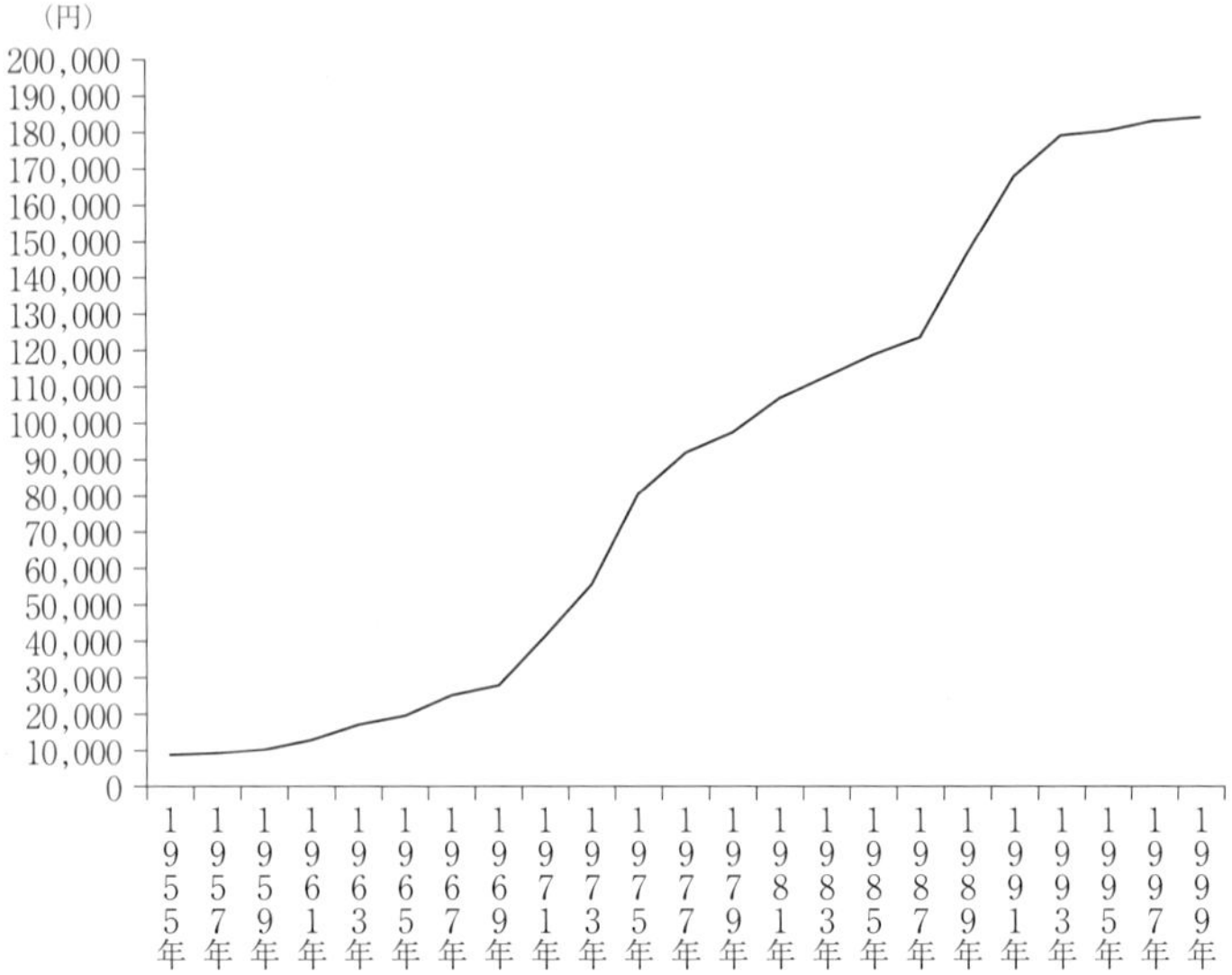

（注）～1957年：6級職、～60年：上級、～85年：上級（甲）、～99年Ⅰ種。
（出所）国家公務員の初任給の変遷（行政職俸給表（一））。

参考のためグラフには後の動きも示したが、10万円を超えたのはようやく80年になってからであり、いわゆる平成バブル（1986～91年）が初任給を急伸させたことが分かる（図7－1）。大企業の場合はこれに準じて考えられるが、中小企業の場合はもっと低いものであったろう。

平均賃金（月額）も同様の傾向を示し、製造業について見ると、1955年には1万6700円であったものが、59年に2万円を、68年に5万円を、高度成長の最後の年である73年にやっと10万円を超えている。しかし、中小企業の場合はもっと低いものであった。これについて譽之助（[1959] 219頁）はつぎのように述べている。

中小企業というものが外国にもないわけではないし、また比率が日本ほど大きくはなくても、かなりの大きさを占めている国もあるが、決定的に日本とちがう点は、賃金の格差が大きいことである。大企業の賃金をかりに100とすると、30人以下の工場の賃金は、だいたい50、もっと零細企業をとると、おそらく、100対40とか、100対30ということもまれではない。ご存知の近江絹糸の争議（1954年発生――引用者）がおこったとき、福井の機屋の女工さんがあの条件を聞いて、「いいじゃないの。なんでストライキするのかしら」といったという。それほど労働条件、賃金条件の間に大きな開きがある。しかも、その格差が最近ますます開いているということが、日本の雇用構造の特色といえよう。

ともかく高度経済成長期・初期において、インフレの影響であるといえばそれまでであるが、大卒初任給がやっと1万円というのは今日から見れば大きな驚きである。

図7-2　求人倍率

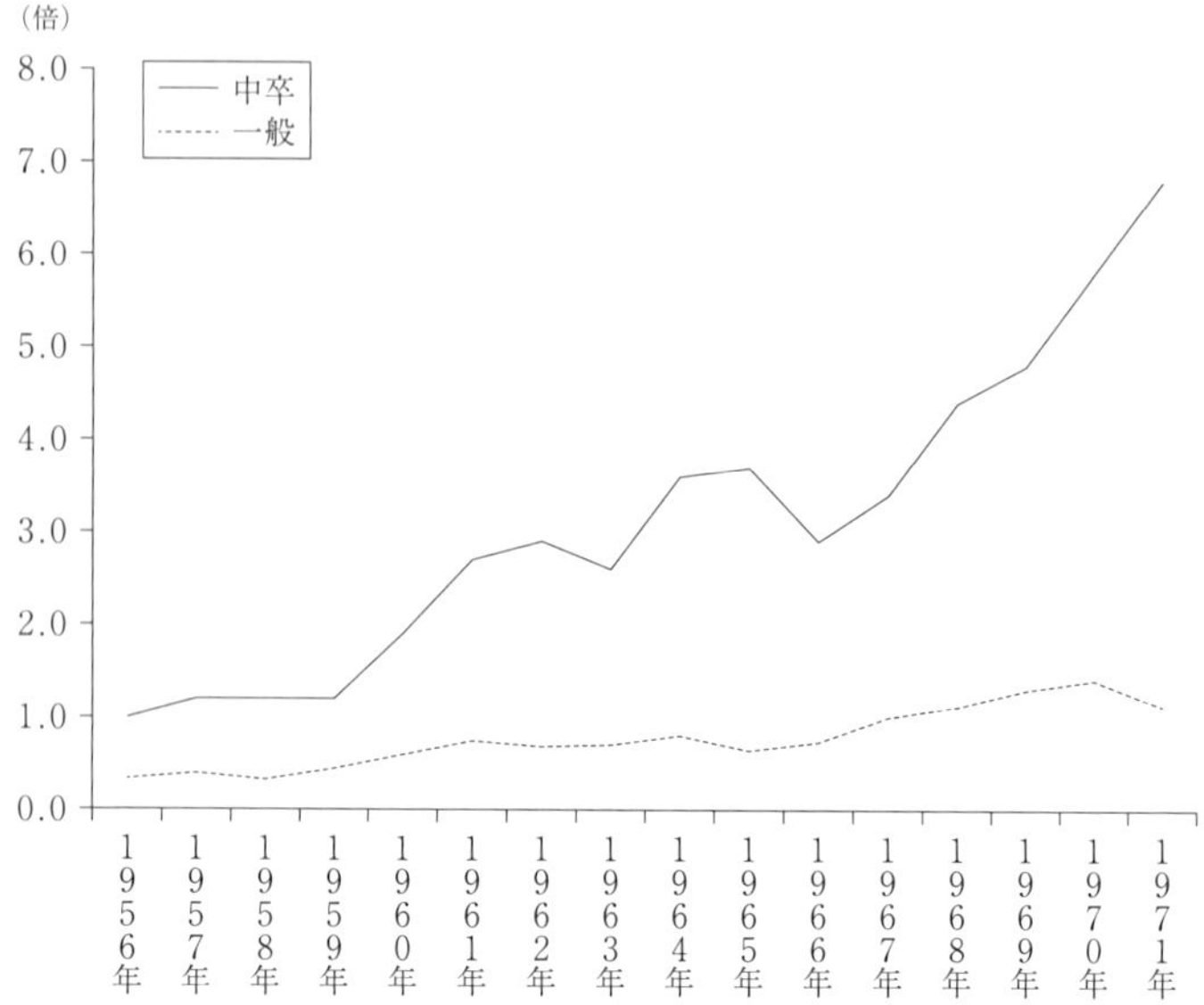

（出所）日本生産性本部労働統計専門委員会『活用労働統計』［1969, 1978］。

要就業人口

いわゆる「集団就職」は、1954年の東京都世田谷区における桜新町商店会の店員募集が嚆矢とされている。図7-2によると、中学卒の求人倍率は高度経済成長期・初期の56年に早くも1・0に達し年々増加の一途にあるのに対して、一般の求人倍率はしばらく低迷し67年ようやく1・0に達した。集団就職の中卒者が「金の卵」といわれた所以である。ちなみに失業率は1~2%の低いものであり、年ごとの求職人口は130万人もの数に達した（譽之助［1959］174頁）。

これを要就業人口と呼んでいる。これだけ年々ふえてくる新しい労働力を吸収するという仕事が、日本経済にせおわされているわけだ。これをどこに吸収するか。家族労働や個人の零細業主というような形ではなくて、近代的な労使関係、すなわち雇用者として吸収したい。ところで、いま日本には2900万人の雇用者がいるが、この2900万人のうち、年に50万人は社会的減少となる。いいかえれば、死んだり、職場から退いたりする。ご婦人なら結婚して家庭に入る。そこで、50万人だけはひっこんだ部分のあとがまをねらえるが、残りの80万人は外側に出っぱらざるをえない。（中略）外側に就職することが必要であるとすれば、日本経済はもっと成長させなければいけない。

80万人分の新しい職場を作ってやるためには、いったいどれだけの成長率が必要かということが、日本経済の課題になるわけだ。それが前にふれた5カ年計画（「経済自立5カ年計画」1955年――引用者）のねらいでもあった（その目標の一つとして「完全雇用」が掲げられていた――引用者）。昭和40年の初めまで、あと6年間は要就業人口が年々非常に多くなる。年々百万人以上の要就業人口ができる。あとがまをある程度ねらっても7、80万人というものは、どうしても新規の職場へ吸収しなければならない。そのために必要な経済の成長率は6％ないし7％であろう、という見通しがたてられた。

ちなみに1955～60年までの実質経済成長率は平均8・6％であったから、新規就職はまかなえたと思われる。ところで先にも述べたように（第6章第3節）、当時の日本では国際収支と完全雇用はトレードオフの関係にあった。経済成長が高くなると輸入が増えて国際収支は赤字になったのだった。譽之助（[1959] 175頁）はここでは、これを「ちょうど重盛（平重盛――引用者）のように、忠ならんと欲すれば孝ならず、一方立てれば片方が立たず、両方立てれば身が立たず」に譬えていた。

2．インフラ整備

高度経済成長のためにインフラ整備が欠かせないことは、譽之助（[1959] 197頁）の指摘を待つまでもない。しかし、つぎのような歴史的記述は興味深い（譽之助 [1959] 198頁）。

過去の日本で、この面にいちばん多くの力が注がれた時期はいつごろかといえば、日清戦争のあとがそれである。日清戦争のあとには、ご承知の賠償金が入ったせいもあって、海運などの大拡充が行われ、数カ年の間に、日本の海運力は2倍にもなったことがある。同じ時期に、鉄道の大拡張も行われ、それまで単線であった東海道線がそのときの拡張によって複線になり、福島までしか行っていなかった東北線が青森まで延長された。当時の国会の質疑応答を読むと、「日本の鉄道はすべからくはしごのようでなければならない」ということが書かれている。それは、本州内で山陰線から北陸、東海道、東北と敷いて、またこれらの間を結ぶ線を敷くから、はしごのようになる。こういうことをいって大投資をやり、驚くなかれ、このときの鉄道建設計画の費用に、日清戦争の半分に相当する額を使っている。

それでは当時インフラ整備として何をやればよかったのか。譽之助（[1959] 201, 202頁）は道路と住宅、そして新しい工場地帯（工業地帯――引用者）の育成をあげている。これらの記述の一部は、産業合理化審議会［1955］「産業立地条件整備に関する決議及び報告書」の内容をふまえているものと思われる。

道路と住宅

名神高速道路の大部分と東海道新幹線が開通するのは、それぞれ64年の4月、10月である。それは64年10月10日開催の東京オリンピックに備えてのものであった。しかし高度成長期・初期においては、図7－3より当時の国道はまだ砂利道で、半分も舗装されていなかったことが分かる。もちろん大都市の方が地方の舗装率より高かった。ちなみに譽之助がよくサイクリングを楽しんだ国道246号線の大半も、50年代はまだ舗装されていなかった。道路や住宅につ

図７－３　道路の舗装率

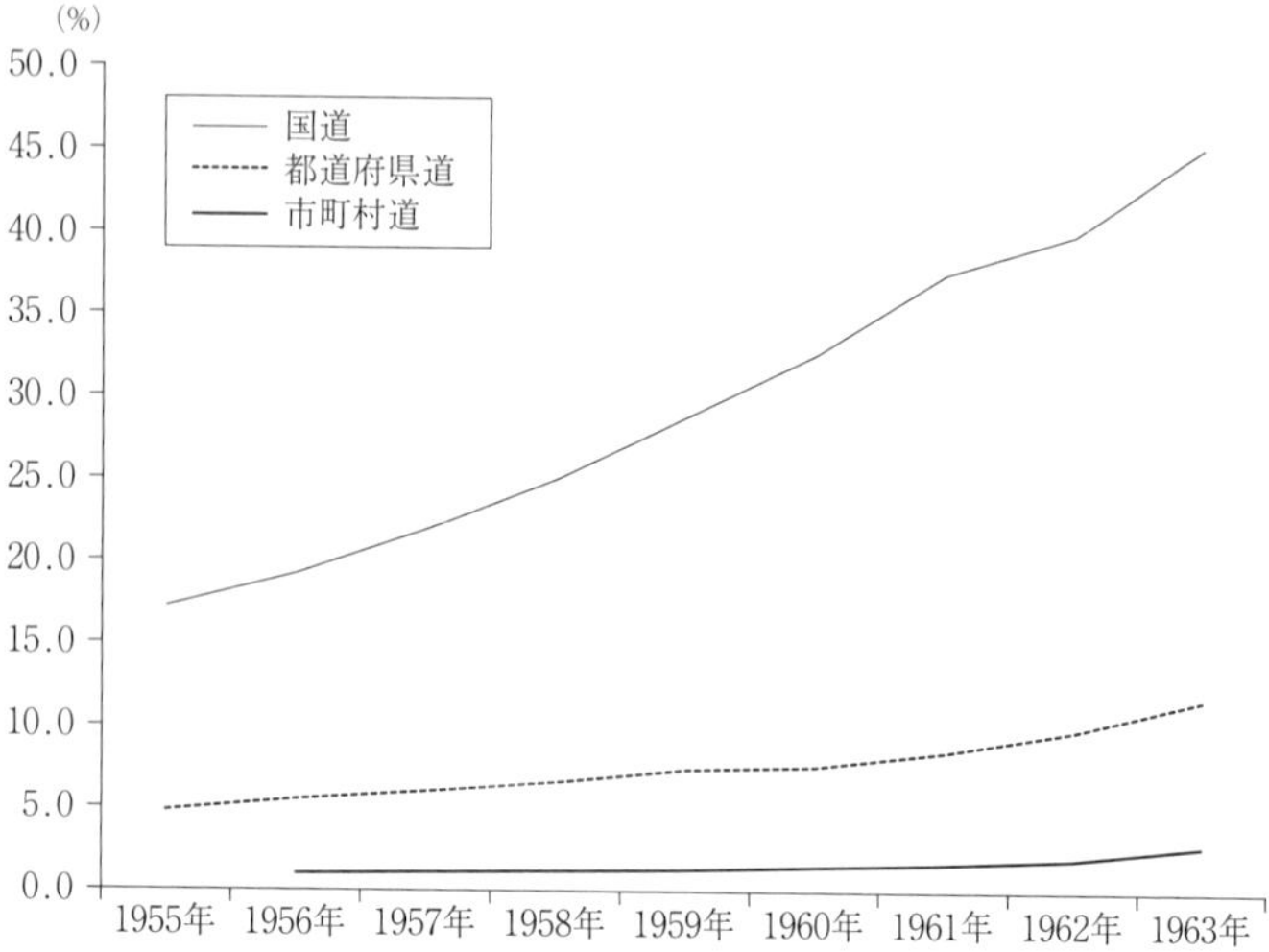

（注）1955年市町村道は n. a.. 1964年はすべて n. a..
（出所）建設省道路局企画課編『道路統計年報』[1965]。

いて譽之助（[1959] 201, 230頁）は、やや荒っぽいがつぎのように述べていた。

日本には、まだまだひどい住宅がたくさんあり、数も不足している。それから、都市計画もそうだ。先日も新聞に、東京都の人口はついに８３０万人に達し、世界一であるとほこらしげにのっているが、東京は大都市などというようなものではなくて、偉大なる村落にすぎない。上水道も下水道も完備しておらず、都内を貫通する隅田川にいたっては、沿岸の数百メートルにわたって、夏にはメタンガスが発生するため金物が全部さびてしまうというひどいものである。そういうことも問題であるし、町を歩いてすぐわかるように、このままでは、あと3年を出ないで東京都の道路は自動車でつまってしまう。なんとか道路政策を確立しなければならない。（中略）

いわゆる社会資本の形成ではいちじるしく投資不足で、今後、日本経済が発展するためには、そこに資本を投入する必要があるということができよう。道路に投資する場合は、機械をつくる場合に比べて、投資によって生産を上げる効果が少ない。この本では、そのことを、限界資本係数の増大ということで説明しておいた。同じだけの成長をするためには、よけいな資本の蓄積がいる。

新工業地帯の造成

当時、主として稼働していたのは京浜、阪神そして北九州工業地帯であった。したがって譽之助（[1959] 202, 203頁）は、表7－1を示しつぎのようにいう。高度経済成長期・初期はまだこのようなレベルにあったのである。

新しい工業地帯を育成して日本の経済の成長に見合うべき、新しい生産力を盛る基盤を整備することが非常に重要になってきている。北からいうと、苫小牧地区とか、あるいは青森

表7－1　新工業地帯の立地条件と問題点

	資源その他の立地条件	現存産業	産業施設の問題点	その対策
釧　路	石炭、原木	石炭、製紙、水産	港の狭隘	港の建設
苫小牧	石炭、用水	製紙		
八　戸	鉱物等地下資源	化学、窯業、製紙	道路の不備	輸送隘路の打開
常　磐	石炭、天然ガス	石炭、化学、窯業	用水不足	用水確保
常　陸	地下資源、天然ガス	機械、鉱業	輸送力、用水不足	港湾新設
千　葉	天然ガス、用地	製鉄、電力	用水不足	用水確保
四日市	交通立地便	石油、化学	用水不足	用水確保
和歌山	良港	鉄鋼、石油	輸送力不足	道路建設
松　山	輸送便、用地	繊維、石油		用水確保
徳　島	用水、用地	繊維		港の整備
八　代	石炭、石灰石、用水	化学		港の整備

（出所）誉之助［1959］。

の八戸地区とか、あるいは仙台と塩釜の間、中部地方では四日市、名古屋地区とか、そのほか瀬戸内海の北の中国地方側、こういうところになにかいい土地をえらんで、どんどんと新しい工場地帯を造成して行くということが必要である。

3．間接金融

間接金融の原因

日本企業は、高度成長期から平成バブル以前において（1955～85年）、設備投資の原資として自己資本よりも銀行借り入れを中心とした。つまり個人の貯蓄に頼って投資をするという間接金融方式がとられていたのである。いきおい企業統治（コーポレート・ガバナンス）も、株主や株式市場によるのではなく、メインバンクが delegated monitor（代表的監視者）となって各企業を規律づける体制となった。どの銀行がメインバンクになるかで、銀行を中心とした企業集団がしだいに形成されていった。では日本において、なぜ間接金融が主流となったのか、について譽之助（[1959] 207頁）は以下のようにいう。

わが国の企業の年々の投資増加のテンポが極めて高率であることや、企業の蓄積資金が戦後とくに乏しく、自己金融力が小さすぎることなどは、その基本的なものであろう。しかし、とくに問題となるのは、わが国の資本市場の機能が低いために、個人の蓄積資金が株式の形で企業に直接投資される機会が少なく、個人貯蓄のほとんどが、預金として銀行に吸収される仕組となっているため、一般の商業銀行までが企業に対して運転資金ばかりでなく設備資金までも供給する、という体制となって、わが国の企業が銀行に依存する度合をいちじるしく高めることになっているのである。

「明治初期から間接金融」の誤り

しかし、つづけて譽之助（[1959] 207頁）がつぎのようにいうのは問題である。

このような、企業と銀行の依存関係の深さを中心とした特殊な金融構造は、もちろん突然に生まれたものではない。遠く明治初期いらい、わが国の産業資金の供給は、銀行の信用創造機能をフルに活用することによって進められ、インフレ的な過程を通じて資本蓄積が強行されてきたという、歴史的な事情を背景としている。

明治期以来、日本企業の資金調達方法は間接金融である、という譽之助の認識は誤りである。かつては譽之助のいうように考えられたことも確かにあった（日本銀行金融研究所［1986］505, 506, 519, 520頁）が、今日ではむしろ明治・大正・昭和初期（1868～1936年）までは直接金融が中心であったというのが通説である。日本企業が間接金融にかじを切るのは戦時期である（岡崎哲二［1993］）。しかし戦後、間接金融が高まるのは譽之助（［1959］208頁）のいう通りであろう。なるほど間接金融ならこそ金融政策の効果も上がった。

敗戦によるいちじるしい企業の疲弊のため、日本の企業は外部資金集めに追われる有様であったから、企業に対する銀行の優位は、戦後いちだんと強まってきたとみることができよう。とくにインフレ期には銀行からカネを借りても返すころにはカネの価値がさがり、金利よりも物価の値上りの方が大きく借りると利潤が生れるので「債務者利潤」という言葉さえ生れた。この時期には、銀行依存が高まるのも無理もなかった。こんな日本的な企業構造の

図７－４　耐久消費財の普及率

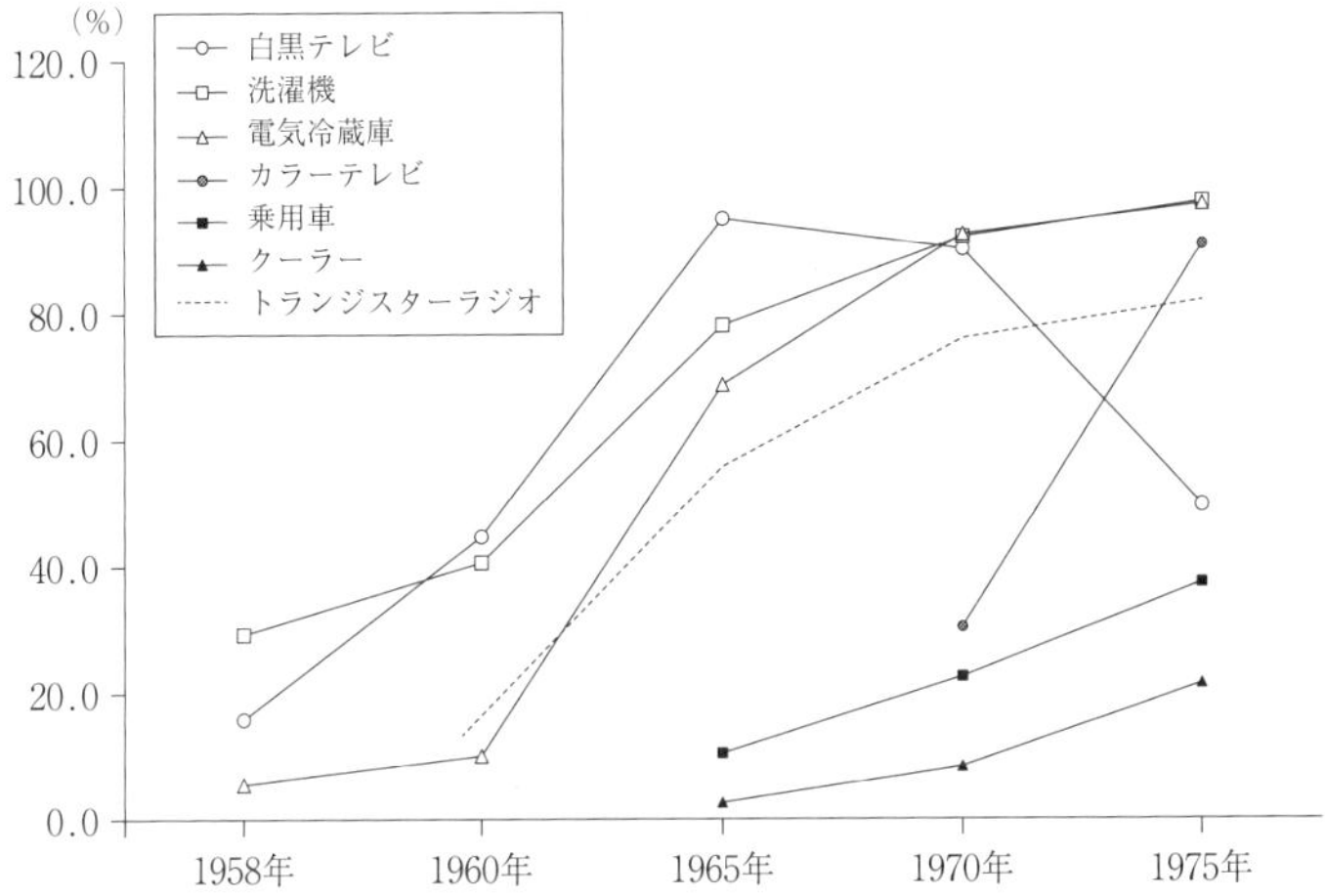

（注）人口５万以上の都市。
（出所）経済企画庁調査局編『消費と貯蓄の動向』[1969, 1973, 1975]。

ためにとられた金融引締めは、諸外国にくらべてききめが早い。他の先進国では資金を自己で調達しているために、金融をしめてもなかなか会社にまでひびかない（後略）。

４．技術革新

高度成長期に広まった耐久消費財といえば、「３種の神器」（白黒テレビ・電気冷蔵庫・洗濯機）と「３Ｃ」（カラーテレビ・カー・クーラー）がよく引き合いに出されるが、その初期の１９５８年における前者の普及率は白黒テレビ15・９％、洗濯機29・３％そして電気冷蔵庫５・５％という低いものであった（図７－４）。そうした中でも「洗多苦」といわれた作業から主婦を解放した洗濯機が際立った伸びを示している。

ちなみに、三種の神器の製造に関わった松下幸之助は、1955〜63年度（ただし60年を除く）の日本における長者番付（正確には「高額所得者公示制度」）のトップを占めていた（菊地浩之［2015］48頁）。

トランジスターラジオ

また同図から、トランジスターラジオが「3種の神器」と「3C」との間にあって健闘していることが注目されてよい。そのトランジスター工業について譽之助（［1959］247頁）はつぎのような感想をもらしている。

わが国で最近メキメキと伸びてきたトランジスター工業など、いわゆる半導体技術に関するものは、工業化の技術はなかなかむずかしいうえに、日進月歩のいきおいで進んでいる。アメリカでは、1社にトランジスターのための技術者が300人いなければ本当の研究はできないといわれているが、いまの日本には、トランジスターの技術者は全体で300名もいない。それを、東芝や日立など十指にあまる会社で分けあってトランジスターを作っている。技術の過当競争ともいうべき現象である。これらの問題を、政府の技術開発投資の積極化を通じて解決せねばなるまい。

なぜか譽之助（[1959] 247頁）には、当時本人も愛用していたソニーのトランジスターラジオの記述が登場しないので、筆者が補足しておこう。初めてのトランジスターラジオＴＲ－52型にＳＯＮＹの名前をつけ、盛田昭夫が勇躍アメリカに渡ったのは高度経済成長期・初期の55年のことであった。早速大きな時計会社であるブローバー社から引き合いがきた。「その値段で当方はＯＫだ。10万台のオーダーを出そう」。即座に商談が成立するかに見えたが、盛田は相手の出した条件が気に食わなかった。「ＳＯＮＹでは売れないから、当社の商標をつけさせてもらうよ。何しろアメリカでは、ＳＯＮＹといっても誰も知らないんだからね」。盛田も悩みいろいろ考えた末、もったいないが結局断ることにした。当時日本製というとアメリカでは安かろう悪かろうのようにいわれていたので、その風評を断ち切り堂々と自社ブランドで販売しようと勝負に出たのである。

56年、世界最小のトランジスターラジオＴＲ－63型は、感度・出力とも優れ消費電力も半分以下ということで、発売早々から評判になった。価格は1万3800円、ちょうどサラリーマンの1カ月の平均サラリーに相当する。ニューヨークの銀座ともいうべきマジソン街

図7-5　インフレ率

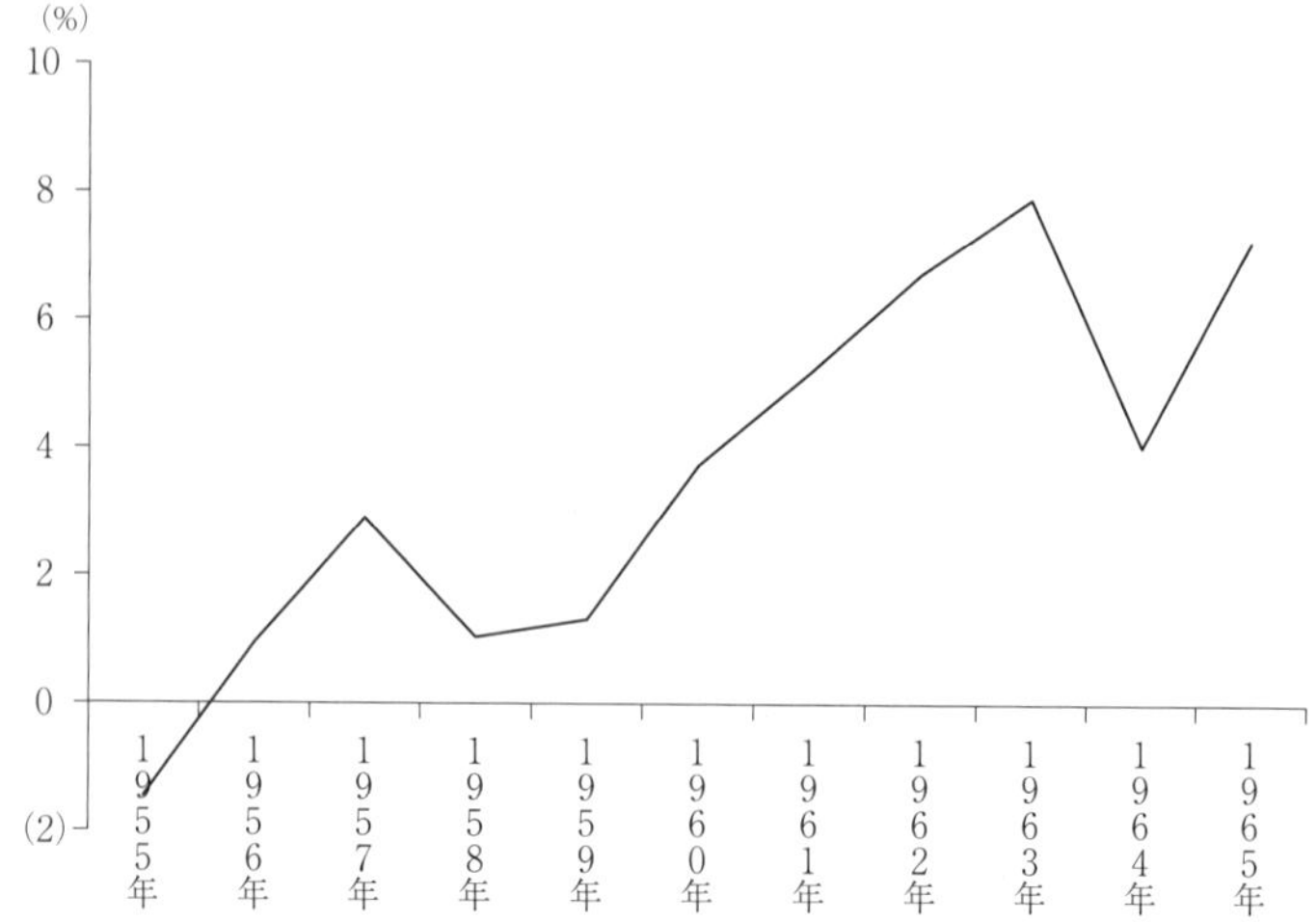

（出所）総理府統計局編『消費者物価指数年報』各年版。

に店を構える「リバティー」にも、SONYのトランジスターラジオが置かれた。リバティーは第一級のラジオ・レコード店で最高級の品しか置かない格調高い店として有名だった。もちろん、これまで日本製品を扱ったことなどなかった。その店先では、道行く人が立ち止まっては、じっとSONYのトランジスターラジオに注目している。あるいは「クリスマスに」と話し合っている。そんな街の様子を見るにつけ、盛田は何ともいえない喜びに浸っていた（ソニー広報センター、ワック編集部編［1998］118-129頁）。

こうして内外ともにトランジスターラ

ジオが普及していった。

５．インフレと高度成長期・初期

高度経済成長を遂げたといっても、それに伴って高インフレを招いたならば元も子もないことになる。先にインフレを伴わない「数量景気」についてふれたが、本節では高度成長期・初期のインフレについてさらに敷衍しておこう。

１９６０年以降はさすがにインフレ問題が浮上したが、高度経済成長期・初期はそれから免れていた（図７－５）。その原因は、安い賃金、安い一次エネルギー、合成繊維（合繊）の発達、品種改良などによるコメの増産（有名な55年の大豊作）や、その他物品の大量生産によるコストダウンの他に、高い貯蓄率も与っていた。国民の志向が過剰な消費に向かう直前の状況にあったのである。

また、当時は１ドル＝３６０円の超円安にあり、輸出には好環境ながら輸入はインフレへの危険性をはらんでいた。これについては、①まず「外国為替及び外国貿易管理法（旧外為法）」（１９４９年制定）の下で輸入割当制などが輸入に抑制的に働いたこと（森武麿ほか［2002］144頁）、②つぎにＧＡＴＴ（関税及び貿易に関する一般協定、55年加盟）12条国として輸入制限を設けていたこと（森ほか［2002］153頁）――自由化されるのは64年11条国に移行して以降である——、③さらに先述したように金融引締めが不況をもたらすほどに輸入抑制に効いたことに求められよう。

6. 均衡財政と高度成長期・前期

高度成長期・初期のみならず、高度経済成長期・前期（1955～64年）を通していえることであるが、この時期は歳入の範囲で歳出を行う「均衡財政」が行われていたといわれる。初めて国債が発行されるのは65年のことである。そこでケインズ主義を「赤字財政も容認する、不況・失業対策としての有効需要創出のための財政・金融政策」と解すれば、この高度成長期・前期はいかにもケインズ主義から程遠いように見えるかもしれない。

しかし第6章第8節で詳しく論じたように、譽之助は52年から国民所得、消費や投資などのマクロ集計概念を率先して使用し白書を執筆しており、それはケインズ体系を前提にしたものであった。さらに政府も、産業保護、インフラ整備や完全雇用のための公共投資に積極的であり、当時はそれがたまたま歳入の範囲に収まっていたのであって、決して「緊縮財政」を行っていたわけではなかった。この点こそが、ドッジラインの均衡財政主義（第4章第2節）とは大きく異なるところである。つまり高度成長期・前期の「均衡財政」の実態は、緊縮財政であったドッジラインの均衡財政主義の延長にはなく、拡大志向に基づく有効需要管理政策を行う、ケインズ主義の実施であったのである。これを「潜在的ケインズ主義」という（浅井良夫［2001］289頁）のは、いい得て妙である。

この点、野口悠紀雄（［1984］177-183頁）は、ケインズ政策を「国内均衡を目的とする（財政・金融の――引用者）拡張政策」と狭く解釈する。そこから昭和30（1955～64）年代、ケインズ主義は日本では行われなかったと結論づけている。その論拠を整理すると、①国際収支をシグナルとしたこと、②金融政策によって経済成長を抑制したこと、③歳入の手段として長期国債を発行しなかったこと、をあげている。

しかし筆者は、①国際収支につき第６章第３節で説明したように、その赤字は国内の過剰投資などと関係しており、決して国際収支の問題にとどまらないし、②金融引締めを行わず仮に放置しておけば、国際収支はさらに悪化したであろう。その限度で金融政策は調整機能を果たしていたし、③65年不況までは一定の歳入があり、収支的に国債発行の必要性がなかったからである、と考える。

第8章　譽之助の死とリベンジ

『昭和33年度　経済白書』を刊行した直後の1958年から60年まで、譽之助はわが国最初の「景気観測官」(エコノミスト・アタッシュ、正式には、アメリカ大使館付一等書記官)としてワシントンの日本大使館に赴任した。次頁の写真は、それを祝っての壮行会のものと思われる。しかし滞在中、右目の網膜剥離を起こし、治療のため急遽帰国。その直後、誰も想像だにしなかった悲劇に襲われる。睡眠薬の過服により事故死を遂げたのである。享年43歳であった。「悲劇のエコノミスト」といわれる所以である。葬儀委員長は、公私にわたり長年のパートナーであった大来が務めることになった。

譽之助は生き急いだ感が強い。その「モーレツ人間」ぶりを伝えるエピソードとして、経済審議庁で仕事をともにした舟橋徹子([1975] 3頁)によると、「譽之助氏は、いわゆる『モーレツ人間』タイプの方で、ちょっとしたミスも見逃さず、すぐ課員を呼びつけて大きな声で文句をいわれていた。私などもいつ呼びつけられるかと、戦々競々としながらも、そのタフな勉強振りには教えられることが多かった。『この資料を読め』と渡される本や雑誌には、いつも

壮行会、箱根の俵石閣にて

（注）1列目左から6人目の背広姿が譽之助。

線が縦横にひかれ『◎印』や『?印』がたくさん書き込まれてあった」由である。

経済白書以外でも、おびただしい書物の執筆・翻訳を手掛けている。以下にCiNii（国立情報学研究所学術情報ナビゲーター）により検索した譽之助の著書を刊行年順に掲げておこう。これ以外にもペンネームで書いたものがあり、テレビ・ラジオ出演なども併行して行っている。ここまで多産であればストレスも相当なものがあったのではないかと懸念される。

1946年　単著　『終戦後の生産事情』外務省総務局政務課。

1948年　単著　『経済復興計画と

外資導入』経営研究所。
共著　経営研究所編『企業整備の理論と実際』中文館書店。
1949年　共著　鈴木武雄編『安定恐慌論』北隆館。
単著　『九原則に基づく経済復興計画の構想』政経資料調査会。
1951年　翻訳　G・ハーバラー編『景気変動の理論　上・下』実業之日本社。
1952年　共著　経済再建研究会編『ポーレーからダレスへ：占領政策の経済的帰結』ダイヤモンド社。
1953年　共訳　『自由世界の天然資源：ペーリー報告　上・下』時事通信社。
共訳　アメリカ経済協力局遣英特別使節団編『スターリング地域：その産業と貿易』時事通信社。
1954年　共訳　E・W・ジンマーマン『世界の資源と産業』時事通信社。
単著　『日本経済の問題点：今日と明日』至誠堂。
単著　『日本経済の自立と発展』全国地方銀行協会。
共著　経済同友会編『経営と経済』ダイヤモンド社。
1955年　単著　『原子力利用と産業』経済審議庁調査部調査課。
単著　『アメリカ経済だより』（「世界週報」の再録）経済審議庁調査部調査課。

単著『米国労働運動の近況』経済企画庁調査部調査課。

単著『企業合同と経営多角化の風潮』経済企画庁調査部調査課。

共著『内部から見たイギリス経済、米国経済の繁栄はいつまで続くか、変わりゆくアメリカ経済』東洋経済新報社。

1956年　単著『アメリカ経済繁栄の構造』中央公論社。

共著『未来は始まっている：サイバネティックスの解明』河出書房。

1957年　共著『現政党を截る、日本経済の現状とその問題点』さつき会。

共著『日本の経済：経済白書の解説と批判』至誠堂。

共編『賃金決定：理論と実際』労働法学研究所。

1958年　翻訳　A・F・バーンズ『景気循環は克服できるか：インフレなき繁栄』東洋経済新報社。

共編『現代の思想』社会思想研究会出版部（現代教養文庫）。

1959年　単著『日本経済の見かた考えかた』有紀書房。

1．アメリカ滞在とその死

急死であっただけに、一方で人々は驚きを隠せなかったが、他方でその死の原因について諸説が飛び交った。自殺説、事故死説さらに他殺説というものまであった。

この他殺説は作家・松本清張によるフィクションであり、したがってその死の真相を究明しようという趣旨に出たものではなく、一経済官僚が殺されるという他愛ないミステリーである。結局そのような推理小説はプロットに無理があり成功せずに終わった。

それに比べると自殺説は、あるいは現実味を帯びていた。譽之助は生来、繊細で神経質であり、アメリカ転勤を悲観して孤独感にさいなまれ自殺に及んだということはあり得るように思える。官僚仲間には経済白書における譽之助の活躍を快く思っていない者もおり、口さがない連中からは「何が『もはや戦後ではない』だ！」、「官僚が一人目立って、どうなるんだ！」、「アメリカで頭でも冷やしてこい！」などとささやかれていたからである。

しかしこの自殺説には基本的な認識に誤りがある。①まず、アメリカにおける初代・景気観測官という地位は、大来や譽之助が日本経済の発展のために数年来構想してきた念願のポストであったし、②また、内国調査課長の職はのべ7年務めており、そろそろ他に譲るべき時に来ていた、③さらに、藤瀬五郎の後任としてＮＨＫの経済番組におけるテレビ解説者にも、いわば内々定を得ており（小野［2004］158頁）、④大来と経済企画庁事務次官・徳永久次が話し合って、計画部に帰国後のポストを設けるなど、譽之助の前途は大変明るいものであったからである。⑤譽之助自身も「アメリカに駐在する機会に経済学周辺の学問、たとえば社会学、心理学、政治学等の勉強をミッチリやり、エコノミストの殻を破って、いわば文明評論家としての領域を開拓してみたい」と大変意欲的であり（大来［1960］51頁）、⑥さらに、ワシントンに単身赴任したわけではなく、妻・敏子、長男そして長女も伴っており、これまで定時に帰ることの少なかった譽之助にとっては家族団欒の憩いのひと時を持つことができた。決してロンドンにおける夏目漱石のような生活を強いられたわけではなかったのである。また、おそらくこの頃、映画「翼よ！あれがパリの灯だ」を観賞している。そしてそのストーリーを譽之助が熱っぽく語ると、家族も皆見てきたような臨場感と感動に包まれるのだった。

こうして事故死説に行きつく。1960年3月のとある日、経済企画庁経済研究所の所長代理・矢野智雄のもとにワシントンから1通の手紙が舞い込んだ。見ると「眼底出血のようだ。帰国して検査したい」、ついては病院を手配願いたい、という譽之助からの依頼であった。早速、慶應義塾大学病院に空きを見つけ連絡すると、右目に眼帯をした痛々しい姿の譽之助が羽田に降り立った。そして病院へ直行。診断結果は網膜剥離以外は別段異常なし、とのことだった（岸［1999］107頁）。しかし始終イライラし不眠症が昂じているという印象であった。誰かが冗談に「右目を仮に失明しても、まだ左目がある」というと、妙に安心した様子であったという。ところが同年4月13日午前5時、睡眠薬の飲み過ぎによる心不全で譽之助は帰らぬ人となったのである。警察の検死もあり事故死とされた。享年43歳。アメリカから帰国して約1カ月後のことだった。
これ以上死の真相は詮索しまい。ともかくも一人のエコノミスト、それも将来を嘱望されていた優れた人物が逝ってしまったことだけは事実として受け入れるしか仕方がない。ここまで執筆してきた筆者としても哀惜の念に堪えない。そこで譽之助の死に対する筆者の想いを、マシュー・アーノルドの詩に託して本節の結びとしよう（村松眞一訳［1990］26, 27頁）。

余人は我らの問いに応える　が君は捕われず
我らは繰り返し問う――君はただ微笑み自若として
凡俗の知るよしもなし　あたかも星に向かい
荘厳な王者の頭顕わす　最高の峰

わたつみに揺るぎなく足を踏まえて
天つみ空をその住かとなし
ただ麓の方　雲かかる裾野を
人の子の空しき詮索に　ゆだねるのみ

天地の秘儀わきまえた君は
自ら教え自ら糺し　自らを卑しうせず自ら安んじて
世の土を踏み　人々の思いもよらず　好ましきかな！
不死の精神が耐えねばならぬ苦痛のすべて
身を損なう弱さのすべて　首うなだれる悲嘆のすべて
あの輝かしい額は　ひたすらそれを語る

（「シェークスピア」より）

2. 大来佐武郎の追悼文

大来は『エコノミスト』誌第38巻第17号（1960年4月26日号）に、1700字に及ぶ真情あふれる追悼の手記を寄せている。通夜では、譽之助がかつて経済白書の講演をしたときのテープが流され、関係者の涙を誘った。ひとり大来は辺り構わずしゃくりあげて泣いていたという（岸［1999］110頁）。譽之助は大来の2歳年下の弟分であったので、一種の「逆縁」といえる。一般に逆縁ほど悲痛なものはないといわれる。まず大来を捉えたのは、親友が忽然と現世から姿を消したことに対する驚きと嘆きであった。原文をそのまま引用しよう。

あらたまって後藤譽之助君追悼の文に筆をとろうとすると、何ともいえぬ空虚な感じにとらえられる。（中略）後藤君のように、いよいよ、これから油が乗って、まわりの人々も、本人自身も、大いに活躍を期待していた矢先に、突然にこの世から姿を消してしまった場合、何かポカッと穴のあいたような感じにおそわれる。

第２章第２節にも述べた通り、戦時期に譽之助がエンジニアとして大東亜省に入省したとき、当時大東亜省にいた大来の肝煎りで譽之助は北京大使館勤務となっているし、戦後エコノミストとして経済安定本部入りを誘ったのも大来であった。したがって大来は譽之助の人生設計に絶大な影響力を持っていたことになる。大来がいなかったらエコノミスト・譽之助は存在しなかったに違いない。こう考えると、二人は先輩後輩の間柄をこえて、さながら「水魚の交わり」とでもいうべき深い絆に結ばれていたといえよう。この点につき大来追悼文はさりげなく、つぎのようにいうだけである。

終戦と同時に、当初は大東亜省で、間もなく外務省調査局にうつって、同君とともに戦後経済研究のための一流経済学者を網羅した「特別調査委員会」の幹事として働いた。これが同君にとっても私にとっても電気屋から脱線して、エコノミストの道を歩む決定的な転機となった。

その経済白書についていえば、それに大衆性を持ち込んだ馨之助の貢献を、大来は高く評価している。本書の「はじめに」において引用した「後藤君の功績は永く日本経済史上に書きとどめられよう」の下りはこの一文に登場する。

27（1952）年4月、私がバンコックの国連エカフェ事務局に転出したあとを後藤君が引継いだ。第一回都留重人氏の手によってはなばなしくデビューした経済白書は、その後しばらく日本経済の実情を分析する地味な資料として作成されていた（この期間の主筆は大来であった！――引用者）が、後藤君が調査課長に就任していらい、鋭い分析とすぐれてジャーナリスティックな感覚とによって本来無味乾燥な経済白書を興味ある大衆的な経済書として普及させる結果となった。（中略）

経済白書に「馨之助」調が強すぎる。政府の白書はもっと客観的なドキュメントであるべきだという批判もあったけれども経済白書の普及、ひいては日本経済の現状に関する計量的実体的な分析と、その方法についての知識を普及する上に果たした後藤君の功績は永く日本経済史上に書きとどめられよう。

ここにある「日本経済の現状に関する計量的実体的な分析」というのは、巨視的集計概念を用いるケインズ流マクロ経済分析をさすと考えられる。ところで、逝去のきっかけとなる渡米の際も大来は、経済企画庁長官・河野一郎を説得するなどして、譽之助のために初代景気観測官の実現に向けて奔走している。また譽之助最後の経済白書における景気予測の判断ミスについて、大来はつぎのように述べていた。

彼が最後の白書（1958年度——引用者）で強調した生産過剰、長期停滞、成長率下方屈折等の考えは、その後の日本経済の実際の推移によって少なくともここしばらくは裏切られる結果となった。このような判断は、何も当時後藤君だけのものではなく、かなり多数のエコノミストの共通の見解であった（後略）。

大来の見立てによれば、たしかに譽之助の短期的な景気判断は外れた（第6章第7節）が、それは多くのエコノミストに共有されていた考え方であったという。景気予測は、所与の条件から推測するので、それ以外の事情が発生すれば外れるのは当然である。たとえば、①1980年代末、物価が安定していたことから、日本銀行は円高不況を恐れて公定歩合を下げ続け、平成バブルを招いてしまった。②また2008年、わが国の金融機関はサブプライムローンの証券化商品はあまり購入していなかったという理由で、日本はリーマンショックを免れるというのが大方の予測であった。

したがって、金森久雄によれば譽之助が判断ミスを大変苦にしていた（岸［1999］104, 105頁）とのことであるが、そのため自殺を考えるなどというのは筋違いであったといい得るであろう。判断ミスについては、譽之助（［1959］165頁）につぎのような記述もある。「私どもの見通しには食い違いがあった。当時（『昭和31年度　経済白書』執筆当時——引用者）、われわれが、政策的に需要を呼びおこして近代化投資の意欲を盛り上げることが必要だとした見通しは誤まりであって、そんなことをする必要はないほど日本の企業者の競争意識が強かった」。

3．後継者たち

矢野智雄（［1975］1頁）は、白書執筆当時を述懐して「後藤氏がアメリカに留学していたため私が書き下ろした30年度白書を除き、27年度～33年度白書の総論はすべて後藤氏、向坂正男氏（元総合研究開発機構理事長）と私が取りまとめを分担しながら、最終的には後藤氏（「度」は引用者補筆）」の監修で作成されたものだとしている。すなわち「後藤白書」は、譽之助、向坂と矢野の3名で書き上げられたものであった。したがって、それらの白書は向坂と矢野にとっては、とくに思い出深いものであったろう。

また譽之助逝去後に「彼の二面性を見事に分けあった二人の人物がいる。『オプ（オプティミズム――引用者）』を受け継いだのが金森久雄であり、『ペシ（ペシミズム――引用者）』を受け継いだのが宍戸寿雄であった。後藤の次の次の調査課長に就任する宍戸は、後藤の死を知らされた瞬間から『何としても後藤さんの無念を晴らしたい』と思い続けていた」とのことである（岸［1999］110頁）。

本節では、譽之助を引き継いだ人物のうち、内国調査課長を務めた順に向坂正男、宍戸寿雄そして金森久雄を取り上げ、譽之助の影響を見ておこう。以下も、岸［1999］に負うところが大きい。

向坂正男

向坂正男は譽之助の後任の内国調査課長として、昭和34年度と35年度の経済白書の主筆をつとめた。マルクス経済学者・向坂逸郎の実弟である。譽之助よりは年長ながら6年間あれこれと後藤課長を支えてきた。人柄は温和で部下の意見を尊重し課内をまとめていくタイプだった。しかしそれが災いし、島田克美（調査課員――当時）は「調査課内でも、安定論者の宍戸（寿雄）さんと成長論者の金森（久雄）さんの2人が対立し、その上に立ちながら旗幟を鮮明にしようとしない向坂さんには、『超民主主義では調査課長は務まらない』と突き上げる声が出ていた」とも語っている。

その向坂にとって最初の仕事は、譽之助の『昭和33年度　経済白書』の予測について説明を加えることであった。すなわち、今回の不況は長引くという意味で譽之助はそれを「なべ底不況」と呼んだが、実際はV字回復を遂げ岩戸景気（1958年7月～61年12月）に突入したため、その弁明をする役回りが向坂に巡ってきたのだった。『昭和34年度　経済白書』はつぎのように述べている（経済企画庁編［1959］1頁）。

昭和32（1957）年5月金融引締政策の実施を契機としてはじまった今次の景気後退は、世界景気後退の中で未曽有の投資ブームの反動過程として起っただけに、その調整はながびき、回復がおくれるのではないかと憂慮された。景気後退から回復までの過程はたしかに戦後では最もながいものであった。しかし幸いなことには予想されたよりは早期に回復し、支払われた代償も比較的軽微にすんだ。これには世界景気、とくにアメリカ景気の早期立直りの心理的影響、財政金融政策の効果、経済機構の変化など、いくたの要因があげられよう。またその中には輸入物価の低落といった、思わぬ幸いのあることも見逃しえない。しかし技術革新による産業構造の変革期にあることが、その基本的要因であるといってよい。

最後に登場する「技術革新」という言葉は、譽之助が英語の「イノベーション」を翻訳し初めて白書に登場させたものであった。しかし譽之助は、これからは技術革新だ、といっていた。向坂がそれを今回の景気の急速な回復原因としていることは、技術革新が日本においてしだいに根をおろしていることを示すものである。つまり技術革新による産業構造の変革が現在進行中なのである。白書はさらにこの点をつぎのように展開している（[1959] 5頁）。

電気機械、自動車、精密機械などは終始伸長しつづけており、また鉄鋼、化学、石油精製などでは生産低下が大きかった反面、回復しはじめるとそのスピードははやかった。いわば今次の景気後退で、停滞的傾向の強まった産業と、後退の影響をほとんどうけなかったもの、あるいは影響をうけたが回復のはやかったいわゆる成長産業との間に格差が目立ってきた。これは基本的には技術革新による産業構造の変革期にあることのあらわれである。

こうして譽之助の精神は確実に向坂の中に息づいているといえよう。また白書の結びには譽之助の命名である「数量景気」が登場する（[1959] 57頁）。「世界各国ひとしく驚異とする成長力を示したわが国経済は、今次の景気後退にたいしても強い抵抗力をみせ、いまや再び高い成長線に復し、当面数量景気ともいえる順調な上昇期にある」。岩戸景気の力強い足音を耳にしながら、白書は技術革新に支えられた高度経済成長の行く手にかなりの自信を抱き始めていた。

宍戸寿雄

宍戸寿雄は向坂のあとを受けて、内国調査課長として昭和36年度、37年度および38年度の経済白書の主筆を担当した。宍戸もまたユニークな経歴の持ち主で、東大工学部航空学科を卒業したれっきとしたエンジニアである。しかし、戦後は農林省の総合研究所に移り、東畑精一の下で農産物の価格研究をしていた。

その宍戸を経済安定本部へ引っ張ったのは譽之助である。宍戸いわく「私の兄（宍戸寛——引用者、第2章第2節参照）が共同通信社の記者をしていて、後藤譽之助さんと親友だった関係から、私も後藤さんをよく存じ上げていた。ある日、東畑先生が後藤さんに『技術屋で経済ができる人間はいないか』と聞かれた時、『私の知り合いで宍戸と言う男がいる』と答えたのがきっかけで、即座に研究所（安本——引用者）入りが決まってしまった。私自身、戦争に負けて飛行機の設計は諦めていたし、どうせ職を変えるなら思い切って違う畑に進もうと考えていた」。

宍戸はやはり後藤の薫陶を受けただけあって、白書にキャッチフレーズを復活させた。『昭和37年度　経済白書』は「転型期」というキャッチフレーズで有名になった。ただ譽之助とはちょっと違うセンスを感じさせるキャッチフレーズである。同白書は、日本経済は「転型期」にあると述べていた。その個所をつぎに引用してみよう（経済企画庁編［1962］36頁）。

> 設備投資が一段と高まった結果、国民総生産に占める設備投資の比率が23％と世界一の高水準になった現状では、前回の景気調整期以上に設備投資の行きすぎが大きくなっている。当面、行きすぎた経済拡大の調整過程が、国際収支の均衡が達成されるまで続くわけだが、生産調整によって一応国際収支均衡が実現したとしても、それだけでは調整過程が終らない可能性を持っているとみられる。（中略）
>
> たしかに、日本経済はここで一種の転換点を通り抜けようとしているのであるが、むしろ日本経済の転型期とも名ず《ママ》けるべきときなのである。不均衡成長の均衡過程、あるいは日本経済の転型期とよばれる経済は、いままでの成長過程の当然の成り行きとはいうものの、決して楽な道程ではない。いったん、高成長に馴れ、高成長の自信から投資競争をさらに激化させた企業にとってみれば、ここ4～5年の成長趨勢がおさまることでさえ、かなりの苦痛が伴うものといえよう。

当時は「投資が投資をよぶ」といわれた時代であったが、それも限界にきていた。つまり、①減り始めた投資を、消費需要や財政需要で埋め合わさねばならない。そうしないと②経済成長率が低下する。このような時期をして「転型期」と名づけたのであった。では、このキャッチフレーズは誰が考えたのであろうか。宍戸課長の下で白書の執筆に当たった関係者は、内野達郎（70・71年度の内国調査課長）だったと証言する。宍戸はこの「転型期論争が沸騰した時、ついに後藤さんの無念を晴らしたと心躍る思いがした」そうである（岸［1999］127頁）。宍戸なりに正しい議論をして譽之助が判断を間違えたといわれるなべ底不況の名誉挽回を、これで果たせたと思ったのであろう。

金森久雄

高度経済成長期・前期は、先にも述べたように、ケインズ主義の対極にある「均衡財政主義」に基づいていたといわれることがある。しかし均衡財政主義とはいっても、決して緊縮財政が行われたわけではなく、基本的にはやはり成長路線にあり、有効需要管理政策によって統御されていた。そして、経済白書も譽之助が主筆を務めた『昭和27年度　年次経済報告』から、マクロ集計概念を用いケインズ体系による分析を前面に出すようになった。

しかし誰の目にもケインズ色が決定的になるのは、65年不況に際し国債が発行されたことによる。65年度の補正予算で２５９０億円の歳入補填国債（赤字国債に相当）、そして翌66年度には７３００億円の建設国債が相次いで発行された。戦後初めて国債を発行して積極財政に転じると、景気は65年秋から回復に向かい、日本経済は再び高度経済成長の波に乗り、57カ月におよぶいわゆる「いざなぎ景気」に入った。

しかし64・65・66年度の内国調査課長・金森久雄は、『昭和40年度　経済白書』で次のように何らかの財政出動を促していたが、国債発行までは乗り気ではなかった（経済企画庁編［1965］150, 151）。戦費調達のため日銀直接引き受けによる国債発行を行ってインフレを激化させた戦前の反省からであろう。

製品在庫の整理はおくれているし、消費需要の増大も緩慢であり、経済の自律的なうごきにまかせておけば、景気の回復には長い期間を必要としよう。景気が加熱する危険がある時は、これをおさえ、逆に、景気が沈滞におちこむおそれがあるときは、その回復を促進することは政府の任務である。

そこで6月に入って、公共事業や財政投融資支出の促進、公定歩合の1厘引下げ等の措置がとられ、また7月に入ってからは40年度予算の留保の解除、財政投融資の拡充、政府関係中小金融機関3機関の基準金利の引下げなど、各種の景気対策が実施された。

　このような中で、国債発行は断行されたのだった。金森は、憲法学者・金森徳次郎の長男で東大法学部の出身。大学卒業後は通産省の前身である商工省に入ったが、統計に魅せられて51年に安本に移籍した。商工省では図書館で『一般理論』の原書と出会い、以来ケインズ経済学の虜になったという。そこで58～60年にはオックスフォード大学に留学、ケインズの高弟ハロッドに師事した。ハロッドは、ケインズ理論に経済成長という概念を導入し動態経済学と呼ばれる分野を確立した経済学者である。

　留学から帰国した金森を呼んで「今や、君が一番ケインズを知っているんだろ。オレにも少し説明してくれないか」と冗談まじりに上司の舋之助。それに「ノー・サンキュー」と返したという。これは内野達郎の語る若き金森のエピソードであるが、金森にすれば「ケインズは後藤さんの方がお詳しいんでしょ?」と真顔でいいたかったのであろう。

第9章　現代と譽之助

1．技術革新と現代

近代化＝技術革新

くりかえしになるが譽之助（［1956］42頁）は、『昭和31年度　経済白書』の有名な文章において「もはや『戦後』ではない。われわれはいまや異なった事態に当面しようとしている。回復を通じての成長は終わった。今後の成長は近代化によって支えられる」と述べたが、ここにいう近代化は「技術革新（イノベーション）」を意味していた。

そして、その必要性は当時と同様に、あるいは今日なお一層、重要な課題となっていると考えられる。以下では『昭和31年度　経済白書』（［1956］43頁）のさらなる引用を通して、現代における技術革新の持つ意味について考えることにしよう。

近代化――トランスフォーメーション――とは、自らを改造する過程である。その手術は苦痛なしには済まされない。明治の初年われわれの先人は、この手術を行って、遅れた農業日本をともかくアジアでは進んだ工業国に改造した。その後の日本経済はこれに匹敵するような大きな構造改革を経験しなかった。そして自らを改造する苦痛を避け、自らの条件に合せて外界を改造（トランスフォーム）しようという試みは、結局軍事的膨張につながったのである。

　われわれは日々に進みゆく世界の技術とそれが変えてゆく世界の環境に一日も早く自らを適応せしめねばならない。もしそれを怠るならば、先進工業国との間に質的な技術水準においてますます大きな差がつけられるばかりではなく、長期計画によって自国の工業化を進展している後進国との間の工業生産の量的な開きもまた次第に狭められるであろう。

　このような世界の動向に照らしてみるならば、幸運のめぐり合せによる数量景気の成果に酔うことなく、世界技術革新の波に乗って、日本の新しい国造りに出発することが当面喫緊の必要事ではないであろうか（傍点――引用者）。

なるほど日本は、日清・日露の戦争で産業革命を達成し、第一次世界大戦で重化学工業化を進めた。そしてこの白書が期待したように、その後「3種の神器」や「3C」などの技術革新によって、高度経済成長を成し遂げることになった。

技術革新が困難な時代へ

さて今日のアベノミクスは、3本の矢の一つとして「成長戦略」を掲げる。3本の矢とは、1本の矢は簡単に折れるが3本に束ねると折れないという、「毛利元就の3本の矢の教え」に由来するが、その成長戦略として、法人税減税、女性の雇用促進、農業改革、発送配電の分離、国家戦略特区などがあげられている。

これについては「いかにも各省が用意した玉を、優先順位を付けずに束ねただけのように見える。（中略）それぞれ工程表はあるものの、異なる政策間の優先順位は明らかではない。実行をどのように担保するかについても、市場参加者を安心させるようなものではなかった」との批判（伊藤隆敏［2013］）があるが、筆者としてはアベノミクスの成長戦略の批判として技術革新を軽視すべきでないと主張したい。設備投資をした企業には法人税を軽減するという「設備投資減税」といったことも一時議論されたが、金額として高額の投資をすればよいというものではない。問題はその設備投資の質・内容であり、それが技術革新に結びつくものでなければ意味がないであろう。

すなわち、アイデア商品を開発しそれを広く世界に発信し、よく売れるようなヒット商品を作ることこそが重要である。とはいえ、それはいうは易く行うは難く、現段階ではそれは未知のアイデアにすぎず、何を作ればよいのか悩ましいところであろう。譽之助の時代とは違って、現在は物が満ち足りている。高度経済成長期は、技術革新といってもキャッチ・アップ式経済の下にあり、「3種の神器」や「3C」といった目標がはっきりしていた。しかし、現在では人々が好んで飛びつくような商品は何か、ということが次第に不鮮明となっている。

筆者の思いつきであるが、次節との関連で高性能な放射能除去技術を、わが国が率先して独自に開発し世界に向けて売り出すことができれば、絶対優位を獲得することになるのではなかろうか。

2. 原子力発電

20世紀は二酸化炭素排出の世紀として、環境汚染をもたらした反省が語られるようになった。そのシンボリックな出来事が1997年に開かれた地球温暖化防止京都会議であった。二酸化炭素の排出規制が叫ばれ、原子力はクリーンな代替エネルギーと看做されるようになった矢先の2011年3月11日、東日本大震災により福島第一原子力発電所で炉心溶融事故が発生した。

それでもなお科学技術を信奉する者は、まだ人類の技術力が足りないだけで、さらなる原子力技術の発達により、この危機を乗り越えることができると考えるだろう。一方、科学技術にも限界があると考える者は、人類をもってしてはホールド・アップでありもうこの危機は乗り越えられないと思うに違いない。

日本やドイツでは「原発」に対する後者のような悲観的な見方が優勢となり、小泉純一郎・元首相をはじめ脱原発の波は歴史的方向性とでもいうかのように燎原の火のごとく広がっている。しかし、脱原発論はそれを担保する代替エネルギーに関する説得的な議論がほとんどないだけでなく、廃炉後の使用済み核燃料や解体した原発装置（建屋など）の廃材の処理についても明確な方針を示せず、いささか感情論の感無きにしも非ずである。この問題に対し、はたして譽之助ならば、どのように答えるだろうか。譽之助（[1956] 144, 145頁）にそのヒントがあるように筆者には思われる。

このような事情（民営優先――引用者）を背景にしながら原子力発電の発達を必要とする原因が更に別箇に存立する。それは言うまでもなくアメリカのエネルギー事情だ。アメリカのエネルギー消費量はほぼ四半世紀ごとに倍加してきた。各種燃料のうち石炭消費量はあまり変化せず、主として消費量の増加を担ってきたのは石油と天然ガスであった。しかしその埋蔵量には限度がある。大統領原料委員会の報告（ペーレー報告）をみても、機械化、自動化の進歩に伴なって今後ますます急角度に上昇するエネルギー消費に対して、資源の供給がこれに伴なわず、エネルギー資源の将来が重要問題と化することが明確に指摘されている。

日本のエネルギー事情は、原発導入時点ではその必要性がたしかに疑われるが、導入後の現在においてはエネルギーとしてのみならず雇用先としても原発はもう欠かせない存在となっているように筆者にも思われる。譽之助のこの文章はある程度の共感とともに書かれたものであろう。とすれば、もちろん推測にすぎないが、譽之助ならば原子力を含めたエネルギーミックスを容認するのではなかろうか。ただし、原発リスクについては科学的に乗り越える方法を見出すべく「技術革新」をもって臨むことを強く主張するであろう。たとえば、使用済み核燃料を全部、高速増殖炉（「もんじゅ」）や既存の原発の燃料として再利用する（「プルサーマル計画」）のであれば、放射能除去技術を高めること（バックエンド問題の解決）をさらに模索し、これを契機として科学技術を進歩させる方向に再考を促すのではなかろうか。

3．貿易収支の赤字

譽之助の時代の貿易赤字

貿易収支は、譽之助の時代と同じく、今日も基調として赤字となっている（図9－1、図9－2）が、注目すべきはその構造がやや異なっていることである。高度成長期・前期の貿易収支は、1ドル＝360円の固定為替レートの下で、景気がヒートアップすると輸入が輸出より増加し赤字となった。この原因は設備投資と財政支出の増加にあった。そこで内需抑制策とし

図9－1　貯蓄・投資・支出（1951～64年）

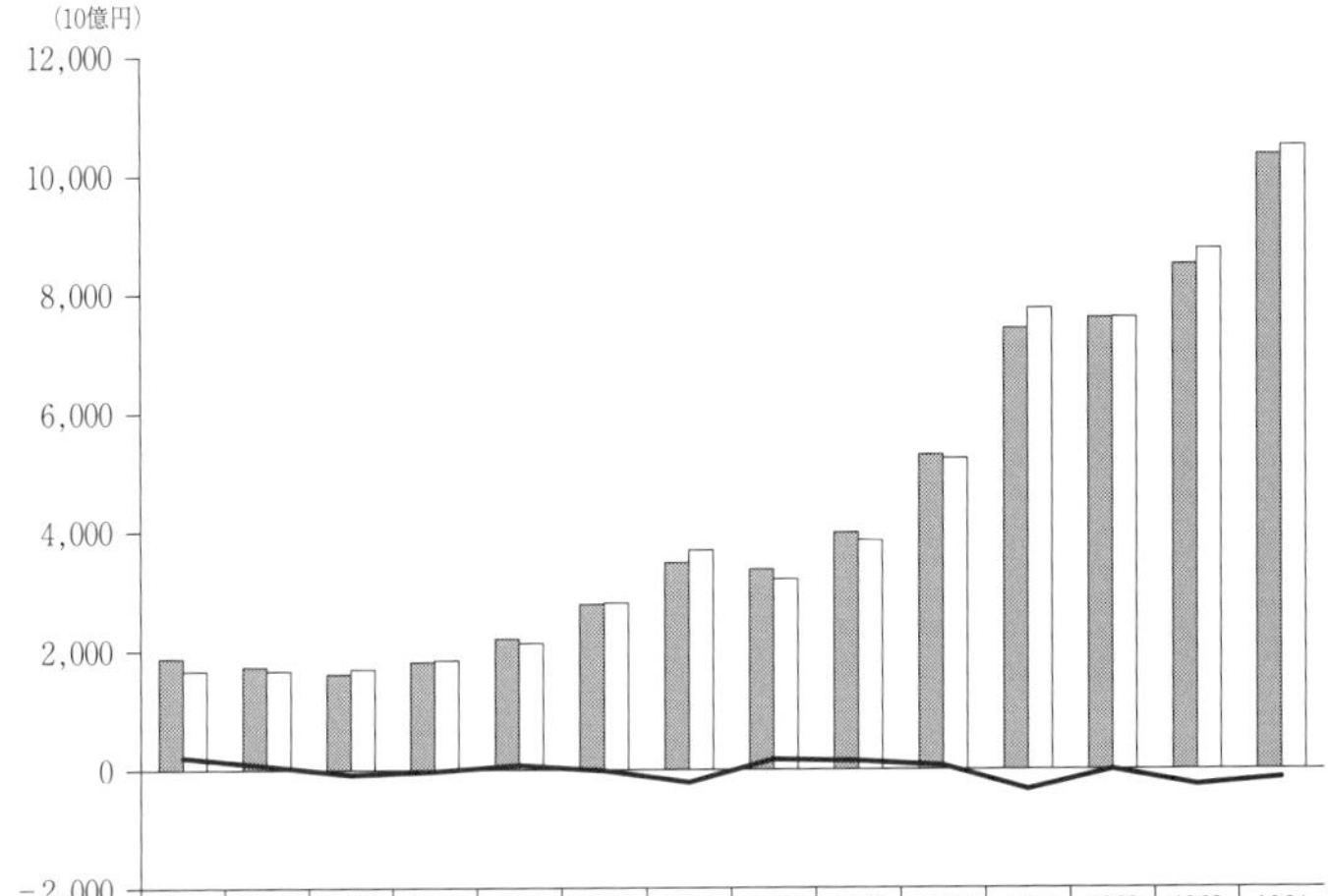

	1951	1952	1953	1954	1955	1956	1957	1958	1959	1960	1961	1962	1963	1964
▨S(Y-C)	1,872	1,730	1,610	1,810	2,201	2,778	3,471	3,361	3,989	5,294	7,413	7,589	8,495	10,340
□I	1,663	1,662	1,691	1,838	2,126	2,797	3,686	3,193	3,853	5,233	7,752	7,595	8,759	10,487
—EX-IM	209	68	－81	－28	75	－19	－215	168	141	61	－339	－6	－264	－147

（出所）大川一司他著『長期経済統計1　国民所得』東洋経済新報社［1974］。

て金融引締めが行われ、その結果不況となってしまった。これはすでに述べた通り、いわゆる「国際収支の天井」といわれる現象である。この消息を『昭和29年度　経済白書』からの引用によって、その表現を記しておこう（経済審議庁編［1954］2，3頁）。

　昭和28年度（昭和28年4月～29年3月）の国際収支は3億1千万ドルの赤字である。27年度にはそれが約1億ドルの黒字であったのだから、この1年間の悪化の幅はおよそ4億ドルに達する。一時は12億ドルに垂んと

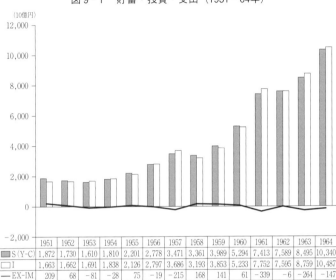

した外貨の手持高も本年5月末現在では7億8000万ドルにまで落ちてしまった。

一体国際収支の悪化や外貨の手持高の減少がどうして日本経済の危機なのか。それはわが国経済の貿易に対する依存度が非常に大きいからである。8千7百万の日本国民が現在の生活を維持してゆくためには食料の2割、工業原料の3割を外国から輸入しなければならない。もし輸出が伸びず年年入超を続けてゆくと、最初は現在のように外貨の喰い減らしで賄ってゆけるだろう。しかしその手持高を全部使いつくしてしまったあげくには、いよいよ輸入を切詰めなければならない時が来る。食料輸入を大巾に切詰めると日本国民は再び終戦後のような食料不足の苦しみを味あわなければならない。工業原料の輸入が思ったようにできないならば工場も人員を整理し、巷には失業者があふれるであろう。

今日の貿易赤字

しかし今日日本の貿易赤字は、アベノミクスの異次元の金融緩和による円安（とはいっても1ドル＝360円の頃とは、大いに違う）影響が通低する中、具体的には三つほどの原因が考えられる。①一つは、原発の未稼働による代替エネルギーとしての原油やシェールガスの輸入が折からの円安で昂じたものであり、②今一つは、日本企業が円高対応への構造改革（東アジアへの「直接投資」など）を済ませた直後に襲った円安の影響であり、③さらに、わが国の海

図9-2　貯蓄・投資・貿易収支（2006〜12年）

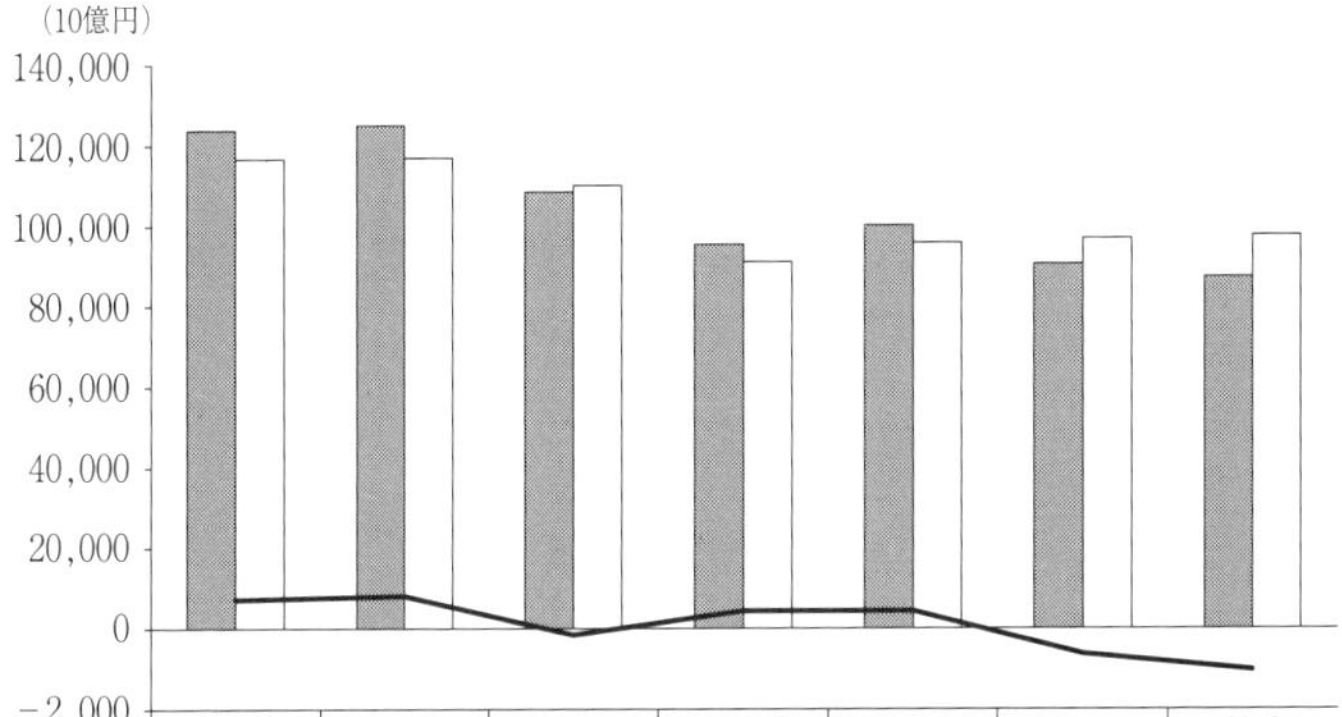

	2006	2007	2008	2009	2010	2011	2012
S(Y-C)	123,739	125,040	108,520	95,484	100,202	90,642	87,415
I	116,670	116,978	110,139	91,168	95,903	96,987	97,740
EX-IM	7,123	8,062	-1,619	4,316	4,300	-6,344	-10,325

（出所）内閣府経済社会総合研究所国民経済計算部編『国民経済計算年報』（各年版）。

外法人からの日本への逆輸入により増えたものである。

　これに対し、かつてのような金融引締め策ではなく、東アジア諸国への「間接投資」（株式購入など）を背景とした所得収支により黒字となり、貿易収支（およびサービス収支）の赤字を辛うじて補っているのが現状である。

　こうして日本はクローサーという学者のいわゆる「成熟した債権国」の地位を保っていると考えられる。企業でも、たとえば商社では東アジア企業への物品の販売よりも、その株式や債券購入による営業外利益の方が無視できない額にのぼっているといわれている。

4. 農業改革

ＧＨＱによる農地改革（１９４６年）は多くの自作農を生んだが、１戸当たり平均８反の零細農家が中心となり、わが国農業は規模の経済性を発揮しにくい体質となった。そのうえ食糧管理法（42年）による米価維持政策――生産者米価を消費者米価以上に保ち、その差額を政府が負担する政策――や、生産過剰のため米作の抑制をすすめる減反政策（69年）が行われ、日本の農業は市場メカニズムを喪失していった。その後93年には「平成の米騒動」といわれるコメ不足が起こり一時タイ米などを輸入、それまでの食糧管理法は廃止され食糧法（94年）が制定されたものの、非効率な体質は温存されたままである。

農業改革に関する礬之助（[1959] 222-224頁）の意見は、アベノミクスのそれを彷彿とさせ、今日読んでも全く違和感を感じさせないものである。すなわち、①農業人口を積極的に減らすこと、②機械化を進めること、③多角経営・適地適作のすすめ、がそれである。このうち②は、つぎのように述べられている。

農業の近代化は、過剰な労働力を工業に吸収してもらうという受け身の立場以上に、積極的に、残った農家を近代化することに求めねばならない。いまの半分にへった農家では、労働力はかなり手うすになる。いわゆる農繁期には、人手不足もおきよう。これを解決するには、機械化によって労働の生産性を向上させる以外には手がない。最近、農業の機械化はめだって進んだ。小型のトラクターの普及は恐るべきテンポである。だが、いまのところまだ本当に機械を生かしたとはいえない。「隣が買ったからおらも買うべい」という気で買ったものの、あまり使わないで、床の間の飾りぐらいに考えているものも少なくはないようだ。これも、ひとえに、まだ人が多すぎるからにほかならない。

5. 日中関係

国際関係において最も困難なものは中国との関係であろう。2010年中国はGDPで日本を抜き、世界第二の経済大国となった。その結果中国の通商力は巨大なものとなり、米国のプレゼンスは相対的に小さくなって、周辺諸国に不安を与えている。今後、日中関係はどうあるべきであろうか。

筆者の考えでは、①そもそも社会主義と市場経済をミックスした、国家資本主義ないし一党独裁型市場経済はそれ自体大きな矛盾を抱えている。社会主義は上層部の独裁と腐敗で崩壊するというのが、人類がこれまでに学んだ「歴史法則」のように思われる。とすれば中国の将来はくらい。②また太平洋を二分して東はアメリカの、西は中国の統治下に置くという考えを中国はアメリカに提案したが、民主主義国家の日本が非民主主義国家の支配を受ける立場になることは日本人なら誰しも容認しないであろう。③さらに現在の中国では、サンゴ乱獲やコピー商品氾濫に見られるようなマテリアリズム（拝金主義、物質主義）がはびこり、これは史的唯物観などという高尚なものとは全く別物であり、社会主義下の市場経済が生んだ人民のモラルハザードと考えられる。④またＰＭ２・５に代表される環境汚染問題、然りである。したがって、①〜④の変革（とりわけ、民主主義国家への早期の前進）を日本が友人として促していくようでなければならないだろう。

一方、⑤わが国も閣僚などの靖国神社参拝は中止し、英霊の追悼はＡ級戦犯を分祀して行うべきである。中国は靖国神社問題を単なる外交カードとして使っているだけではなく感情的になっている。それは尖閣諸島の問題などとは違って、日本の出方次第で解決できる問題なのだから対応を急ぐべきである。⑥その尖閣諸島についていえば、石原慎太郎・元都知事に惑わされた面があったにせよ、その国有化に向けての言動は民主党・野田佳彦首相の明らかな政治判断のミスであった。地権者から国へ事務的に粛々と所有権移転手続を進めれば済んだものを、領土に固執する中国に対し寝た子を覚ます大事にしてしまったのである。⑦またしばらくは、いわゆる戦略的互恵関係を深めることが最重要となる。つまり利益衝突や対立を内包しつつも友好関係の樹立に努める成熟した「君子の交わり」が必要であろう。とりあえずは両国を架橋する友好的な人物の養成が突破口になると考える。

譽之助は、アメリカ、イギリス、カナダの新聞記者の訪問を受け「今後15年か20年先のアジアで経済的なリーダーシップをとるのは、日本か中共かインドか、どの国だと思うか」と問いかけられたという。日本と願いながらも何かが欠けていると、つぎのようにいう（[1959] 256, 257頁）。

日本と中共との関係をどう調整していくかが、今後の重要な問題の一つでなければならない。そして、彼らを単に軽べつし、あるいはおそれへつらうのではなくて、あるがままの事実をみつめ、よい競争相手として、日本経済の成長率もこれに負けないように伸ばしていこうというのが、理想ではないだろうか。

ひるがえって、いまの日本は、国民的なゴール、その目標と方向を見失っているのではないだろうか。それが結果的には誤っていたにせよ、戦時中には「欲しがりません、勝つまでは」というのが日本のスローガンであった。戦後も、いわず語らずのあいだに、「この悪い生活状態をなんとかよくするまでは」という復興理念が、国民的なゴールであった。しかし、おおよそ戦前の国際的な地位を回復し、経済発展の第三段階に入ったいま、九千万人の日本の国民をつなぐ大きなナショナル・ゴールが欠けているのではなかろうか。日本の経済は、もし九千万の有能な国民の努力を一つの方向にむけることができるなら、決して中共に負けることはない。しかし残念ながらそれを一つの方向に結びつけるべきなにものかが欠けている。

この意味では、日本は「追いつき追い越せ」を目標として高度経済成長を実現できたといえよう（キャッチアップ式経済）。われわれはそれを誇りにすることができる。しかし現在はまた、譽之助のいうように日本は方向性を見失っているように思われる。それがアベノミクスの成長戦略でも鮮明になっている。「技術革新の波に乗って、日本の新しい国造りに出発することが当面喫緊の必要事ではないであろうか」という『昭和31年度　経済白書』（［1956］43頁）の言葉を思い起こすことが、今日ほど必要な時もないであろう。

6. ケインズ経済学と現代

ケインズ経済学といえども、人間の営為である以上、完全無謬のものではあり得ない。譽之助が世を去って10年を経た１９７０年代、さまざまな批判や矛盾が噴出するようになる。本書では、譽之助を初期ケインジアンと規定した。では譽之助の努力は空しかったのだろうか。以下では、まず１９７０年代に生じた矛盾の状況や幾つかの批判的学説を紹介しよう。

Wショック

日本で起きた「Wショック」といわれる事態は、従来のケインズ経済学では対処できない難問であることを示すことになった。1971年のドル・ショック（ニクソン・ショック）と1973年のオイル・ショックがそれである。

第二次世界大戦後、アメリカは資本主義世界の盟主となり、パックス・アメリカーナの時代を謳歌した。しかし、敗戦国日本および西ドイツへの援助やベトナム戦争による巨額の出費がたたり、次第にその経済力に陰りを見せ始める。そしてついに71年、ニクソン大統領はドルの金交換停止と輸入課徴金の導入などのドル防衛策を世界に向けて発表した。これがドル・ショックである。それまでアメリカは各国政府が要求すればドルと金の交換に応じてきたが、その停止は強力な国際的パワーを失うことにつながる。また輸入課徴金の導入はアメリカのモットーであった自由貿易主義を揺るがすものである。同年末にはワシントンで10カ国蔵相会議が開かれ、スミソニアン合意により一時1ドル＝308円の固定相場制が成立したが、それも長続きせず1973年には各国通貨はこぞって固定相場制から変動相場制に移った。いわゆるブレトン・ウッズ体制の終焉である。こうしてドルの信認は低下し、その結果ドル安・円高となり、わが国は円高不況に陥ったのである。

一方73年、第四次中東戦争が起こるとOAPEC（アラブ石油輸出国機構）は、対抗措置としてアメリカへの禁輸および非友好国（日本など）への供給制限に踏み切った。これがオイル・ショックに他ならない。このため原油価格は4倍に高騰し、このような基礎的資源の価格の上昇は、あらゆる商品・サービスの生産コストの引き上げを伴う結果、折からの田中角栄首相の「日本列島改造論」の影響とも相まって、日本は「狂乱物価」と呼ばれるインフレに見舞われた。

ケインズの教えでは、円高不況の場合は有効需要の創出策を、反対に狂乱物価の場合はその引締め策を採ることになる。有効需要の創出策としては、金融政策では金利低下やマネーストックの増大が、財政政策では減税や公共投資の促進が考えられる。有効需要の引締め策としては、金融政策では金利引き上げやマネーストックの減少が、財政政策では増税や公共投資の抑制が考えられる。では以上のように円高不況と狂乱物価が同時発生した場合、どうすればよいのか。以上は一般には「スタグフレーション」といわれ、スタグネーション（停滞）とインフレーションとが同居する現象である。ここにおいてケインズ政策は解決可能な大きな難問に逢着することになった。

ケインズ反革命

1970年代は、学説的にもケインズ批判が巻き起こる多難な時代の幕開けとなった。

まずフリードマン（シカゴ大学）等「マネタリスト」といわれる一派が、ケインズ批判の急先鋒に立った。すなわち、インフレの原因は過大なマネー・ストックにあること（貨幣数量説）、したがって金融政策は好況のときには金利を上げ不況のときには金利を下げるのではなく、あらかじめ決めた一定の率で貨幣数量（マネー・ストック）を成長させるべきであること、また財政政策として公共投資（G）をしても企業の資金にはおのずから限界があり、企業が国債を買えば設備投資資金（I）を減少させねばならず、結局Yの拡大には至らず金利を上昇させるだけに終わる（クラウディング・アウト）と批判した。これは、マーシャルやピグーをはじめとする新古典派経済学の焼き直しにすぎない。

またルーカス（シカゴ大学）らの「合理的期待形成学派」は、人々は入手可能なあらゆる情報を効率的に利用して経済の実態に即した期待（予想）をあらかじめ織り込んで行動するので、ケインズ的な金融政策や財政政策は短期的にも長期的にも無効になると説いた。

さらにブキャナン（ヴァージニア大学）を中心とする「公共選択学派」は、ケインズは大衆民主主義の下では減税が支持されやすく増税はつねに有権者から嫌われることを見逃していると批判し、したがって事態を放置すれば財政赤字が累積的に増加し財政破綻を招くと説いた。これはアベノミクス下の今日の日本では頭の痛い現実である。ではどうすればよいのかといえば、新古典派の「均衡財政主義」に戻るべきだというのである。

基礎としてのケインズ経済学

以上は一括して「ケインズ反革命」と呼ばれる。では「ケインズ革命」は、これらの前に敗北を喫したのだろうか。そこには、なるほど限界はあるが、基本的な考え方は今日も生き続けているということができる。

ここで、今日のアベノミクスに眼を転じてみよう。そこで行われている金融政策はゼロ金利政策と量的緩和政策である。前者は有効需要の創出のためにこれ以上下げられないところまで金利を下げたものであり、後者は2％のインフレ目標達成（インフレ・ターゲット政策）のためマネタリー・ベースを2倍に拡大することでマネー・ストックの増大をめざしている。どちらも直接にはケインズが言及した概念ではないけれども、基礎にはケインズの考え方が通低していることは誰の目にも明らかであろう。アベノミクスの財政政策の方はケインズ政策そのままである。

したがって経済成長を測る「国民所得」といった概念がまだなかった頃、これらを戦後導入し経済分析に当たった、馨之助たち官庁エコノミストの仕事は、実に重要な地平を開く挑戦であったということができる。

その効果の現状についてもふれておこう。金融政策の方は、マネタリー・ベースの拡大により日本銀行の当座預金に通貨が留まっており、日本企業がそれを日銀から引き出して設備投資を行うだけの十分なアイデアも活力も現在は持ち合わせていない。8%の消費税率分を差し引くとまだ2%のインフレにはなっておらず「もはやデフレではない」というのは時期尚早である。一方、財政政策は、8%の消費税率導入による市場の収縮をおもんぱかって、公共投資のために安倍内閣は5・5兆円の補正予算を組んだが、そうでなくても膨大な財政赤字を抱える日本である。そもそも消費増税は財政規律を高めるためではなかったのか。

筆者は、日本が先進諸国中最大の財政赤字を抱える（→ケインズ主義、大きな政府）反面、所得格差が広がっている（→市場主義、小さな政府）点が、アベノミクスにおいて難問題であると思う。そこで一部には、ケインズ主義でもなく市場主義でもない、その両者を止揚した「第三の道」が説かれる（佐和隆光［2000］第4章）が、筆者はそのような道ははっきりいってないと考える。個々の問題ごとに、ケインズ主義で行くか、市場主義をどこまで取り入れるか、その両者をファイン・チューニングして事に当るほかあるまい。

おわりに

筆者は1949年生まれで、いわゆる団塊の世代に属し、「もはや戦後ではない」の経済白書が出版された時（1956年）は、今から思うと小学1年生であった。したがって本書に書かれた史実（第7章）のいくつかは、個人的にも感慨深いものである。以下に少し筆者なりの『ALWAYS　三丁目の夕日』（[2005] 東宝映画）をしたためておこう。

白黒テレビが各家庭に普及し始めたのは、たしかに小学4年生（59年）の頃からであった。しかし当初、筆者の父はTVは買わない主義だったので、よく友人の家に観に行った。1台のTVを家族でない人と観るのは結構よい経験であった。初めて観た番組は、女性保安官の活躍を描いた「アニーよ銃をとれ」という毎回完結のドラマであったように覚えている。アメリカでは、すでにこのような時代から女性を輝く存在として描いていたことに、今さらながら驚かされる。

また当時、力道山のプロレスが人気を博していたことはよく知られている。その試合は大抵、中盤に力道山が劣勢となり観客が「空手チョップ」、「空手チョップ」と叫んで要求すると、力道山は声援に応えその技を放ち結局勝利をおさめる、というパターンであった。ただ力道山人気は、そのルックスがプロレス選手には珍しく上品で風格があったことにもよるのではないかと筆者は思う。とすればテレビ時代にふさわしいスターであったことになる。このプロレスブームの結果、筆者のまわりではプロレスごっこが流行した。

電気冷蔵庫がわが家にお目見えしたのも小学校高学年であった。「渡辺ジュースの素」（という物が売られていた）を水で溶いて冷凍室に入れ、アイスキャンディができた時は大層感激した。

新幹線が開通したのは中学3年（64年）の時だったが、それに実際に乗ったのはずっと後年のことである。同年、東京オリンピックが開催された。銀メダルを逸した、マラソンの円谷幸吉選手が、後に思い悩んで自殺したことを、その感傷的な遺書とともによく覚えている。今日スポーツ選手が「試合を楽しむ」旨語るのをよく聞くが、このような悲しい出来事への反省もふまえられているのだろう。

昭和30年代（1955～64年）へのノスタルジックな思いは尽きないが、この辺でよしておこう。

最後に、本書の主要な主張をまとめておきたい。①まず譽之助といえばこれまで経済白書のキャッチフレーズ「もはや戦後ではない」ばかりが注目を浴びてきたが、実はケインズ体系による経済分析を初めて本格的に白書で行ったエコノミストであった、ということである。すなわち、国民所得、消費や投資などのマクロ集計概念とY＝C＋I＋G＋(EX－IM)のケインズ体系が、白書の前面に打ち出されるのは昭和27年度版の譽之助白書が最初のものであった。その後白書はケインズ色が濃厚となり、マルクス経済学は経済官庁からしだいに雲散霧消していった。

②また「なべ底不況」というのは、譽之助がネーミングした意図とは全く異なって今日用いられていることである。もともと譽之助は1957～58年の不況は少々長引くという意味を込めて、「V字回復しない」＝「なべ底」と呼んだのであった。ところが実際はV字回復したこの不況を今日一般に「なべ底不況」と呼んでいる。これには譽之助も天国で苦々しく思っていることであろう。

③さらに「もはや戦後ではない」という有名なフレーズの出所は、実は中野好夫のエッセーのタイトルであるといわれることがある。譽之助はそのことは百も承知で読者の注目を集め、ともすれば毛嫌いされる経済の話を身近なものにしようとしたのである。譽之助のキャッチフレーズ作りの手法はほとんどがこの態である。

④また譽之助はシュンペーターの「技術革新」の伝道者でもあったことが忘れられてはならない。経済学においては「均衡点」が模索されるが、均衡しただけでは資本主義経済にダイナ

ミックな発展はない。そのためには技術革新が必要だというのである。

⑤全体として、高度成長期白書のフロントランナーであった譽之助であるが、彼の念頭にあったのは日本の経済「成長」よりも、むしろ経済「復興」であった印象が拭えない。経済白書で成長論者が活躍する60年代、すでに譽之助はこの世を去っていた。

⑥また譽之助が導入に腐心したケインズ経済学も最近はほころびが目立ち始め、日本における大きい財政赤字の原因を作り、その限界を露呈している。しかし国民所得などの集計概念による基本的な分析方法は今日のマクロ経済学に通底するものである。したがって初期の経済白書において、その分析手法の実用化に向けた譽之助の努力は、歴史的に見て決して小さなものではないであろう。

なお、本書の執筆中に中村隆英［2012］『昭和史』や武田晴人［2008］『高度成長』を併読したが、経済史に加え政治史の記述の多さに瞠目した。本書は終戦前後から１９６０年頃までの通史ではなく、あくまでも譽之助伝であるが、経済白書とＧＨＱや政府との関係は深く、もっと筆を割くべきであった。譽之助たち安本調査課の働きが政府に一定の方向性を与えたことは確かであるが、その跡を辿ることは今回は果たせずにしまった。今後の課題としたい。

また反省点として、評伝というには細かな史実がやや不足することがあげられる。その原因は、譽之助の早世と、直接の知人・関係者のほとんどが鬼籍に入られていることである。さらに本書は、経済学に通じていない人にも向けて書いたとしているが、ケインズ理論の紹介・入門はともかく、それ以外の経済用語では分かりづらい点も残しているのではないかと危惧している。本書を手にして頂いた読者のご寛恕をこう次第である。

ところで、最近ふと気づいたことがある。高度成長期の1955年から73年までの間に伊勢湾台風（59年）以外大きな自然災害がほとんど日本を襲わなかったことである。このことも日本の高度経済成長に少なからず与っていよう。この間に大地震でもあれば、どうなっていたことか懸念される。

その高度成長の特徴的な原因の第一は、何といっても1ドル＝360円の超円安である。このため輸出が促進され日本は加工貿易主義を堅持できた。第二は、平和憲法（とくに第9条）の存在である。この結果防衛費をGNPの約1％に抑え、わが国は財政余剰を産業支援にまわすことができた。第三は、家計貯蓄率の高さである。これが高度成長期に盛んであった間接金融の原資となった。第四は、若者を中心とした人口増。意外かもしれないが日本の人口がほぼ1億人を超えるのは1970年である。

本書が世に出るに当たっては実に多くの方々のお世話になった。とくに譽之助のご長男・後藤秀人氏（元NECエレクトロニクス常務）のご協力なくしては本書は成り立たなかったものである。収められた写真や数々のエピソードは氏から賜わったものである。ここに記して心より感謝申し上げたい。最後になるが、本書の出版を引き受けて下さった日本経済評論社の栗原哲也社長と、出版部の谷口京延・吉田桃子の両氏には深甚の謝意を表したい。

２０１５年2月11日
雪の立山仰ぐ研究棟にて

青地　正史

参考文献

一概に参考文献とはいっても、おのずからその参考度には差がある。はじめに、よくひも解いた書籍について述べておこう。

本書は、譽之助の著書・論文については、各年度の『経済白書』と『日本経済の見かた考えかた』（1959）を頻繁に参照した。後者は譽之助の本の中では一番読みやすくおもしろく書かれている。譽之助には翻訳も多いが、今回は手が回らず割愛した。

また、とくに断ることがなければ、本書の経済史の記述は三和良一（2002）『概説日本経済史　近現代』（第2版）に、ケインズに関しては吉川洋（1995）『ケインズ——時代と経済学』に負うところが大きい。後者は、ケインズについて書かれたものの中では平易かつ興味深く、所収の写真は初見のものが多い。また、小野善邦（2004）『わが志は千里に在り　大来佐武郎評伝』と岸宣仁（1999）『経済白書物語』も、つねに座右に置き参照した。以下には、いわゆる一般的な参考文献を掲げる。


アーノルド、マシュー（1990、村松眞一訳）『マシュー・アーノルド詩集——二つの世界の間に』英宝社。

浅井良夫（2000）「政策思想としてのケインズ主義の受容」中村政則編『近現代日本の新視点——経済史からのアプローチ』吉川弘文館。

浅井良夫（2001）『戦後改革と民主主義——経済復興から高度成長へ』吉川弘文館。

雨宮昭一（2008）『占領と改革』（シリーズ日本近現代史⑦）岩波新書。

有沢広巳（1948）『インフレーションと社会化』日本評論社。

有沢広巳（1989）『有沢広巳　戦後経済を語る　昭和史への証言』東京大学出版会。

安藤良雄編（1979）『近代日本経済史要覧』（第2版）東京大学出版会。

伊藤隆敏「金融・財政政策は成功　アベノミクスの1年」『日本経済新聞』（２０１３年12月２日号）。

上田　敏（1905、復刻1968）『近代文学館〈〔32〕〉海潮音（名著復刻全集）』日本近代文学館。

エコノミスト編集部編（1984）『証言・高度成長期の日本』（上）毎日新聞社。

小野善邦（2004）『わが志は千里に在り――評伝大来佐武郎』日本経済新聞社。

大内兵衛（1975）『大内兵衛著作集――日本と世界の政治と経済４』（第７巻）岩波書店。

大川一司・篠原三代平著、梅原又次編集（1974）『長期経済統計１　国民所得――推計と分析』東洋経済新報社。

大来佐武郎（1960）「後藤譽之助君をいたむ」『エコノミスト』（第38巻第17号１９６０年４月26日号）毎日新聞社。

大来佐武郎（1981）『東奔西走――私の履歴書』日本経済新聞社。

岡崎哲二（1993）「企業システム」岡崎哲二・奥野正寛編『現代日本経済システムの源流』日本経済新聞社。

長幸男（1994）『昭和恐慌――日本ファシズム前夜』（同時代ライブラリー）岩波書店。

大森とく子編（1995）『戦後物価統制資料』（第1巻）日本経済評論社。

外務省特別調査委員会（1946）「日本経済再建の基本問題」有沢広巳監修・中村隆英編集（1990）『資料・戦後日本の経済政策構想』（全３巻）東京大学出版会。

岸宣仁（1999）『経済白書物語』文藝春秋。

菊地浩之（2015）『日本の長者番付――戦後億万長者の盛衰』平凡社。

金森久雄・荒憲治郎・森口親司（2002）『有斐閣経済辞典』（第4版）有斐閣。

金森久雄（2007）「戦後の経済論争」日本経済研究センター『第50回「日経・経済図書文化賞」記念に寄せて』。

上久保敏（2008）『下村治「日本経済学」の実践者』日本経済評論社。

経済安定本部編（1947）『昭和22年度　経済実相報告書』。

経済安定本部編（1948）『昭和23年度　経済情勢報告書』。

経済安定本部編（1949）『昭和24年度　経済現況の分析』。

経済安定本部編（1950）『昭和25年度　経済現況報告』。

経済安定本部編（1951）『昭和26年度　年次経済報告』。

経済安定本部編（1952）『昭和27年度　年次経済報告』。

経済審議庁編（1953）『昭和28年度　経済白書』経済統計協会。

経済審議庁編（1954）『昭和29年度　経済白書』至誠堂。

経済企画庁編（1955）『昭和30年度　年次経済報告』至誠堂。

経済企画庁編（1956）『昭和31年度　経済白書』至誠堂。

経済企画庁編（1957）『昭和32年度　経済白書』至誠堂。

経済企画庁編（1958）『昭和33年度　経済白書』至誠堂。

経済企画庁編（1959）『昭和34年度　経済白書』至誠堂。

経済企画庁編（1962）『昭和37年度　経済白書』大蔵省印刷局。

経済企画庁編（1965）『昭和40年度　経済白書』大蔵省印刷局。

経済企画庁編（1969）『改訂国民所得統計』。

経済企画庁編（1998）『ＥＳＰ』（広報紙）。

経済企画庁調査局編（1969、1973、1975）『消費と貯蓄の動向』。

建設省道路局企画課編（1965）『道路統計年報　１９６５年』。

後藤譽之助（1949）『九原則に基く経済復興計画の構想』経済資料調査会。

後藤譽之助（1956）『アメリカ経済繁栄の構造』中央公論社。

後藤譽之助（1959）『日本経済の見かた考えかた』有紀書房。

サムエルソン、ポール（1948、都留重人訳1966）『経済学——入門的分析　上・下』（原書第6版）岩波新書。

サムエルソン、ポール（1976、都留重人訳1977）『サムエルソン経済学』（原書第9版）岩波書店。

佐和隆光（2000）『市場主義の終焉——日本経済をどうするのか』岩波新書。

産業合理化審議会（1955）「産業立地条件整備に関する決議及び報告書」。

シュンペーター、ヨーゼフ・アーロイス（1912、塩野谷祐一・中山伊知郎・東畑精一訳1977）『経済発展の理論——企業者利潤・資本・信用・利子および景気の回転に関する一研究』（上）岩波文庫。

シュンペーター、ヨーゼフ・アーロイス（1942、中山伊知郎・東畑精一訳1962）『資本主義・社会主義・民主主義』（上）（改訂版）東洋経済新報社。

総理府統計局編（各年版）『消費者物価指数年報』。

袖井林二郎編訳（2012）『吉田茂＝マッカーサー往復書簡集　１９４５－１９５１』講談社学術文庫。

ソニー広報センター、ワック編集部編（1998）『ソニー自叙伝』ワック。

高木敏子（1977）『ガラスのうさぎ』金の星社。

武田晴人（2008）『高度成長』（シリーズ日本近現代史⑧）岩波新書。

都留重人（2001）『いくつもの岐路を回顧して――都留重人自伝』岩波書店。

内閣府（各年版）『内閣府統計』

内閣府経済社会総合研究所国民経済計算部編（各年版）『国民経済計算年報』。

中山伊佐男（2015）「市街地にねらいを定めた『住民標的爆撃』のおそろしさ」瀧井宏臣『東京大空襲を忘れない』（第4章）講談社。

中村隆英（1986）『昭和経済史』岩波書店。

中村隆英（1990）「日本経済再建の基本問題」有沢広巳監修・中村隆英編集『資料・戦後日本の経済政策構想』（第1巻）東京大学出版会。

中村隆英（2012）『昭和史』（下）東洋経済新報社。

中村弘光（1982）『アフリカ現代史Ⅳ　西アフリカ』（世界現代史16）山川出版社。

日本銀行金融研究所（1986）『新版　わが国の金融制度』。

日本生産性本部労働統計専門委員会（1969、1978）『活用労働統計』。

根井雅弘（1996）『ケインズを学ぶ――経済学とは何か』講談社現代新書。

根井雅弘（2006）『シュンペーター』講談社学術文庫。

野口悠紀雄（1984）『日本財政の長期戦略』日本経済新聞社。

ハンセン、アルビン（1953、大石泰彦訳1956）『ケインズ経済学入門』東京創元社。

舟橋徹子（1975）「白書随感」『復刻　経済白書／月報№1』日本経済評論社。

牧野誠一・後藤譽之助・酒井一夫（1948）「国民所得」経済安定本部情報部編『経済復興計画　解説』ア

カギ書房。

三和良一（2002）『概説日本経済史　近現代（第2版）』東京大学出版会。

森武麿・浅井良夫・西成田豊・春日豊・伊藤正直（2002）『現代日本経済史』（新版）有斐閣。

矢野智雄（1975）「経済白書の想い出」『復刻　経済白書／月報No.1』日本経済評論社。

吉川洋（1995）『ケインズ――時代と経済学』ちくま新書。

吉野俊彦（1993）『戦後エコノミストの軌跡』社会経済国民会議。

笠信太郎（1962）『〝花見酒の経済〟』朝日新聞社。

リンドバーグ、チャールズ・A（1953、佐藤亮一訳1991）『翼よ、あれが巴里の灯だ』恒文社。

【著者略歴】

青 地 正 史（あおち・まさふみ）

1949年　京都市に生まれる
2004～15年　富山大学経済学部准教授を経て教授　経済学博士（京都大学）
専　攻　近現代日本経済史
著　書　共著『「経済大国」への軌跡　1955～1985』（講座・日本経営史5）ミネルヴァ書房、2010年
単　著　『戦前日本の企業統治――法制度と会計制度のインパクト』日本経済評論社、2014年
共編著　『東アジア地域統合の探究』法律文化社、2012年
論　文　「戦後日本における生命保険会社の相互会社化」『経営史学』第36巻第2号、2001年
「戦前日本企業のコーポレート・ガバナンスと法制度」『経営史学』第37巻第4号、2002年
「太平洋戦争末期・終戦直後の株主総会」『経営史学』第43巻第3号、2009年
"Transformation of Holding Companies in Wartime Japan: A Corporate Governance Perspective," *Japanese Research in Business History*, VOL. 29, 2012.（『経営史学』別冊）

〈同時代史叢書〉

もはや戦後ではない――経済白書の男・後藤譽之助

2015年5月15日　第1刷発行　定価（本体3000円+税）

著　者　青　地　正　史
発行者　栗　原　哲　也

発行所　株式会社　日本経済評論社
〒101-0051　東京都千代田区神田神保町3-2
電話 03-3230-1661　FAX 03-3265-2993
info8188@nikkeihyo.co.jp
URL: http://www.nikkeihyo.co.jp

装幀＊渡辺美知子　印刷＊文昇堂・製本＊誠製本

乱丁落丁はお取替えいたします。　Printed in Japan

ISBN978-4-8188-2383-9